藍天圖書

告別單身銷售術

東尼 著

「爆數」銷售達人轉戰情場，
教你點向女仔sell自己！

序

　　我的作品《爆數——香港人的銷售天書》以及《爆數密碼》，分別在 2015 及 2016 年出版，看過這兩本作品的讀者，應該都能了解到，我的銷售世界觀，並不單純把銷售看成一種職業，或一種謀生技能，更是一種生活智慧，因為不論考學校、求職、選舉、向朋友借錢等等，一切牽涉人際溝通，希望影響對方思想的行為，其實都是銷售。

　　我一直在想，人生有甚麼東西，可以把銷售的智慧，發揮得淋漓盡致，真正體現了「銷售就是人生」的信念呢？

　　最終，我選定了愛情這個題目。愛情，沒錯，也是銷售。

從男性角度出發，在愛情中，他心儀的女性就是「客戶」，因為他要影響她的思想，讓她愛上自己，男性本身是「產品」，同時也是「推銷員」，而追求的過程就是銷售。結論是男生追女生，就是要把自己 sell 出去，分別是推銷員需要開發很多客戶，而追女生就是要把一個客戶，盡力服務到最好，有趣吧？

不要以為這是單純的一本「溝女書」，因為作為一位頂尖推銷員，銷售只是其中一步，除此之外，了解客戶、售後服務亦同樣重要。因此，此書分為心法篇、追求篇和相處篇，讓你在情場上獲得全方位支援。

由於本人是男人，寫作觀點雖難免側重於男性，但內容卻是男女皆宜。我希望憑藉此書，以全新角度解構愛情，消閒之餘，亦為情路上迷惘的讀者提供一點指引，祝福大家能獲得一段美滿愛情。

目錄

Chapter 1:

繁殖與愛情

第一章，也就是全書最重要的一章，因為往後的一切論述，也是建立於這一章之上。

假如閣下正在書局「打書釘」，可以考慮看完這一章後把書放回書架，省下買書的費用，因為閣下已吸收了此書一半以上的精華。

解 構 女 人

銷售的第一步，就是了解客戶。女性作為愛情中的買方，要研究戀愛這個題目，開始的第一步，當然要深入了解我們的客戶——女人。

到底女人是什麼？女人表面上跟男人的分別，就是胸前多了兩團肉，兩腿之間少了一條是非根，其餘五官四肢也是大同小異，為什麼俗語說：女人心，海底針？她們的思想和行為總是教男人摸不著頭腦？到底女人跟男人真正的分別是什麼？

女性，以至所有雌性動物，天職就是要當媽媽，肩負起生育和照顧下一代的責任，所以從生理到心理，女性的構造就是要為當媽媽做準備。生理上自不用說，子宮是用來培育胎兒、乳房是為了餵哺嬰兒，那麼女人那顆如海底針一般神秘的心，又是什麼構造呢？

男生常常抱怨女朋友敏感、情緒化、多愁善感，動不動便發脾氣，和自己冷戰上一天半日，男生抓破頭皮也不明白自己做錯了什麼，而原因又好像不是因為這位女朋友脾氣太差，因為他過去交過幾個女朋友，全部都是這樣的。

嬰兒在未學懂說話前，只能以哭鬧、簡單的發音和表情與外界溝通，由於他不能清晰地表達思想，因此**必須有一位能敏銳地察覺這些信息的大人**，讓嬰兒的需要能及時被滿足，而這個人就是嬰兒的媽媽。我作為父親，孩子剛出生時，無論他是倦了要睡覺，還是肚餓了要吃奶，聽上去他的哭鬧聲都是一樣的，但太太總是能準確的判斷出，他哭鬧是因為要睡覺還是要吃奶，太太告訴我兩者的哭聲是有分別的，可是我真的分不出來。

敏 感 ＝ 直 覺

上帝創造女性時，為了讓她具備當媽媽的能力，便在她的性格上加上「敏感」這一項元素。人們常說女性的直覺很厲害，其實**直覺也就是敏感的副產品**。

一位女朋友不讓男朋友抽煙，男朋友騙她說拍拖以後就戒了，一天約會時，他們出現了以下對話：

女：你有抽過煙嗎？

男：沒有。

女：你講大話！

男朋友怎也想不通，明明自己在約會前已經做好了一切清潔工作，為什麼仍然會被發現呢？人家說女人直覺很準，似乎有點道理。

其實女朋友是在男朋友回答「沒有」那時，直覺告訴她男朋友在說謊，你問她原因，她也無法告訴你，總之就是不知哪裡的感覺到不對勁。

以上例子其實可以有一個科學一點的解釋。每個人說謊時，為掩飾心理上的不安，身體會出現一些不協調，或多餘的動作，

例如眼睛忽然朝別處看；無故用手摸摸鼻子、撥頭髮、說話聲調突然改變；甚或至一些微小動作等。女朋友雖然沒有讀過心理學，但她就是憑天生敏銳的直覺，感覺到（我強調是感覺到，不是發現到）男朋友回答時跟平常有點不一樣，所以得出他說謊的結論。

男人不想被女人揭穿撒謊，在說謊前先「綵排」幾次，避免內心不安。假如是突如其來必須撒謊，**就想方法拖延一下，不要給即時反應**，例如借詞說要覆 whatsapp、去廁所等，目的是換取時間，讓自己在充分的心理準備下說謊。

敏 感 的 代 價

敏感和直覺能讓女性當上好媽媽，但世事沒有這麼便宜，要享受她的好，也同時要接受她的壞。女性天生的敏感，令她們很容易被外界牽動情緒，簡單如一句無心的說話；一頓不合胃口的晚餐；甚至一天不似預期的天氣，總之男士們想像到以及想像不到的理由，都可以令她們泛起無名抑鬱，甚至暴跳如雷，後者在職場上尤其常見，當她們的下屬要多加小心。

但凡事有兩面，因為敏感，女性也會因為一些莫名其妙的理由，而開心大半天。某港產片導演曾說過：「女人由八歲到80 歲都一樣，都係要氹。」而這位導演身體力行，真的「氹」過不少女星在他的電影中作性感演出。

一字記之日 —— 氹

　　所謂「氹」就是要觸動女性那敏感的神經，討她歡喜。女性多數不喜歡理性分析，因為這是跟她們敏感的本質相矛盾的。她們喜歡聽浪漫的說話，而**浪漫的說話多數是沒有道理的**，例如男生說愛她的女朋友一生一世，我敢說十之八九的男生，在說這句話時都沒有多大把握做得到，原因不是他不愛，只是人生太多不確定性，所以都是抱著見步行步的心理，因此說浪漫都是不切實際是有理由的。但不要緊，女性就是喜歡聽這種話，這也就是女性喜歡看韓劇的理由，因為劇情有沒有邏輯並非重點，重要的是當中的浪漫元素，滿足了女性對現實生活中不切實際的期望，再加上靚人靚衫，就更加令人不能自拔了。

一個取自網絡世界的笑話：

昨天和老婆下象棋，五招之後我便勝局在望。

老婆黑臉，硬說馬可以走「田」字，因為是千里馬，我忍了；又說兵可以倒退走，是特種兵，我忍了；她的象可以過河，是小飛象，我也忍了；最過分的是炮可以不用隔棋或者隔兩個以上都可以打，因為是高射炮，我還是忍了；忍無可忍的是車可以轉彎，還振振有詞說哪有車不能轉彎的嗎？這我全部忍了，繼續艱難鎖定勝局。

但最後，她竟然用我的士，食了我的將。說這是潛伏了多年的間諜，特意派來做臥底的無間道。

最後，她贏了……於是，她愉快的去洗衣服做飯了。

結論：男性要過上好的生活，**千萬不要跟女性講道理**。

憤怒的女朋友和恐怖分子有什麼分別？後者可以談判，前者不能。

不少男生，包括年少時的我，跟女朋友吵架時講道理，跟她說一大堆理由什麼的，在我看來很合理，但女朋友的怒意非但沒有減退，反而越演越烈，若這些事情重複發生，大家的關係只會一步步的走向崩潰，若你是真心愛她，這不會是你想看見的結局。

跟女朋友吵架時講道理，無異於對牛彈琴，那一刻她根本不會分析，無論她本身是對是錯，她只是感到很生氣。男生若果真的想解決問題，請收回你那幾千字的學術論文，走到她的身後，從後環抱著她，輕吻她的面頰，再於她的耳邊輕聲說：「我這樣做是為了我們的將來。」我敢說，多大的分歧也有商有量。

請謹記，**雖然女性不一定會當媽媽，但她們一定具備母性**，這是基因注定了的。了解母性，對學習戀愛能收事半功倍之效。

學懂浪漫，就能跟女性好好溝通。

解構男人：為何男人好色？

知己知彼，我們男人又對自己的認識有多深入呢？

在原始社會，**男性扮演著捕獵者的角色**，目的是爭奪資源，建立更好的生存條件，維持生命，繁衍後代。爭奪資源就是征服其他人或族群，而征服的手段就是靠武力，因此男人天生擁有較為健碩的身材，力氣也較大，同時亦嚮往權力，所以要透過不斷的征服去滿足權力慾，但權力不是本書重點，所以不作探討。

除了食物、土地，女人也是資源之一。繁殖是生物的本能，也是延續生物基因的唯一方法，而人類繁殖的方式就是男女結合，所以**對男人來說，女人是一項十分寶貴的資源**。由於古代醫療和科技落後，嬰兒的存活率不高，所以需要以大量繁殖來確保基因的延續性，大量繁殖意味著需要大量女人，因此男人便會同時間和不同女人交合，提升繁殖成功的機會。

從此之外，男人多數偏愛年輕貌美身材好的女性，這也是跟繁殖有關，年輕女性的懷孕成功率較高；外表吸引容易引起男方性慾，同時某程度上代表擁有較優秀基因，對男人來說都是交合和繁殖的理想對象。有人說：「男人其實很專一，不論 20 歲到 80 歲，男人都是喜歡 20 歲的女子。」別誤會，這不是上述那位導演所說的。

以上的理論以一言蔽之，就是男人天生好色。 雖然經過千萬年的演進，人類建立了不同文化價值觀，甚至法律去規範各種行為，但潛藏於男人體內的好色基因，並無因此而消失，分別是現在男人學懂抑壓、控制這種慾望，但男士劈腿、包小三、嫖妓等事情仍然是無日無之的發生。

請不要把好色和下流混為一談，所謂「食色，性也」，好色本身並沒有錯，它就像肚餓要吃東西一樣，是正常不過的人類行為。真正使人行差踏錯的，是滿足色慾的方法，好比一個人肚餓時，可以到餐廳酒足飯飽，再結帳離開，或吃個「霸王餐」，我們總不會說那個人肚餓是錯，他的錯是吃「霸王餐」，所以只要閣下有正當途徑滿足色慾，好色並無不妥。

男人好色是基因使然。

男 人 為 何 要 「 追 」 女 仔 ？

或許大家會問，為何愛情中，女性是預設了做客戶？而男性則預設為推銷員？為何大多數都是男方做主動，去「追」一個女朋友？

讀者會否認為這也跟繁殖有關？恭喜你答對了。

人類繁殖下一代，需要的是一顆精子和一顆卵子，卵子受精後發育成胚胎，再孕育成新生命。女性受孕高峰期是月經前 14 至 16 天左右，稱為排卵期。卵子自卵巢排出後在輸卵管內生存一兩天，等待受精，錯過了就要再等下一次排卵期來臨，即大約在一個月後，換言之**女性在一個月內只有一兩天有機會懷孕**。

而男性製造精子的過程則有效率得多，睪丸每天都會製造新的精子，世界衛生組織研究顯示，男士禁慾 2 至 7 天，精子就可以達到最佳品質，而一次正常的射精，精子數量可達 2 至 5 億個之多。

顯而易見，男性生產精子的效率，不論在周期和產量上作比較，都明顯比女性生產卵子優勝。這種「產能過剩」的現象，造成大量精子追求少量卵子，在物以罕為貴的經濟定律下，**卵子是貴，精子是賤**。而卵子的擁有人，即女人，亦因此「女憑卵貴」，有權決定和誰人生育，而順理成章的成為精子及男人的追求對象了。

假如你還未明白為什麼男人要主動追女仔，謹記一句：**男人本來就是賤。**

什 麼 是 愛 情 ？

人類不同於禽獸，因為人類有良知和道德，所以我們不能原始地因為要履行繁殖的責任，而隨便跟異性交合，當中男女雙方都需要經過一個甄選過程，甄選條件可以是財富、外表、性格、思想、學歷、見識、職業、家境、信仰、國籍等不可勝數，當然有些人是比較「濫」的，但只代表他／她的甄選條件不高，並非來者不拒，而甄選時間亦是因人而異。

愛情，就是男女甄選繁殖對象的過程，一些只求滿足性慾的交合，當中並沒有愛情存在，就是所謂的「有性無愛」。

花了這麼多篇幅論述繁殖，原因是我希望以最原始的角度，去解釋男女之別，請不要誤會男女之間，只有繁殖一事，慎之。

Chapter 2:

女人愛什麼？

了解過男女之別的根源後，我們便可以根據繁殖理論，再深入地了解女性的戀愛思維。

什麼是安全感？

　　客戶購買是為了滿足需求，那麼女性在愛情中，需要被滿足的又是甚麼呢？

　　我們常常聽到戀愛中的女性，抱怨男朋友不能給她安全感。又聽說過很多愛情專家、情場浪子說女性在一段關係中所追求的就是安全感，「安全感」這個詞語老是常出現，說的信口開河，聽的頭頭是道，大家都好像很明白安全感是什麼，但要為它下個定義，又不知從何說起。

《安全感》JW 王灝兒

　　讓我們來逆向思維一下，**女性追求安全感，反過來說她們就是常常感覺自己不安全**，那她們到底為什麼不安全？

女性感到的不安全，源自對未來的不確定性，而為什麼她們那麼擔心將來呢？原因還是那個——母性。

女性在懷孕時，由於肚子大了，行動不便；身體亦會偶爾出現一些反常現象如嘔吐、抽筋、失眠等；情緒亦較為波動，這時的女性比平日更脆弱，感覺自己更不安全。到孩子出生後，又要擔心他的健康和成長，果真「細個驚你唔大，大個驚你學壞。」面對這麼多的不確定性，**女性必須肯定她的伴侶是一個能在物質上，以及精神上給她支持**，讓她能在脆弱時感到安全，在傍徨時感到安慰的人。

女性在選擇伴侶時，除了經濟條件，**更著重的是肯定對方是不是一個關懷、細心和專一的人**。原因是母性基因告訴她，她需要一個在她很脆弱時能照顧她（關懷）；並能夠洞察她各種生理和心理變化，表達同理心（細心）；以及不會見異思遷，拋下孤兒寡婦的人（專一），女性就是帶著這些甄選條件，去挑選令她有安全感的對象。

也許是速「食」文化影響，**能給女生安全感的男生愈見稀少**，因此令女生走向物質主義，只追求金錢帶來的安全感。

那麼身材高大的男性也會給女性帶來安全感嗎？

女性的體格天生比較弱小，在原始社會，體格弱小是十分危險的，因為受到其他人類或野獸攻擊，被奪去資源甚至生命的機會較高；同時，原始社會主要的謀生方式是狩獵、捕漁、採摘等等，這些消耗體力的活動，都不是女性擅長的。強壯的男性能在殺戮之中保護女性，兼且擁有較高的謀生能力。女性偏愛身材高大的男性，是因為壯男能帶給她們生理上的安全感。

　　時至今日，身材高大的男性依然擁有優勢，但並沒有在原始社會般明顯，因為生活模式已經大大轉變，主要是在外觀上比較吸引而已。

上 進 心 與 承 諾

　　女性喜歡有上進心的男人，原因是有上進心的男人表示他有計劃將來，**減少女性對未來不確定性的不安全感**。上進心對年輕男子尤其重要，因為他們不會擁有很多財富（富二代除外）、也不會有多大權勢（你爸是李剛除外），想要獲得女性青睞，請讓她看到你的上進心。打個比喻，即使今天你是一位茶餐廳伙計，你也要以成為最優秀的茶餐廳伙計為目標，然後自立門戶，做茶餐廳老闆。

同樣道理，男生對女生許下的承諾，讓她對未來充滿了憧憬。例子可參考女生出嫁當日，新郎接新娘時，那個雖然老套、但歷久不衰的愛的宣言環節，以下有百篇奇文共賞，照著讀，你叫女人如何不心動？

「生活易」網站

總結一句，上進心與承諾，令女生看得到未來。

女人喜歡男人的上進心與承諾，**但她們通常會忽略可行性**，因為理性思考並不是她們的強項。

靚 仔 有 利 弊

　　靚仔在人生是佔盡優勢的，至少星期日到茶樓排隊飲茶時，門口的派籌服務員小姐會給你一點方便，好讓你早點入座。

　　然而，靚仔對女性來說是沒有安全感的，原因簡單不過，就算男的本身不是風流成性，也會惹來不少狂蜂浪蝶，他的伴侶每天都要提心吊膽，生怕他被搶去。所以除了一些年輕、沒有什麼戀愛經驗的女性之外，她們都不會單純因為靚仔而愛上一個人。

女 性 的 依 賴 性

　　女性是感性的動物，她們敏銳、善解人意、有耐性，但生活上很多問題，都不是用感性來解決的，例如計劃旅行、投資理財、裝修家居等，當然她們也有理性的一面，在不得不面對這些問題時，她們也能夠處理得妥妥當當，但當能夠依賴時，她們就不會那麼笨了。

　　因此，**女性偏向喜歡有主見的男性**，能為她們出主意，和處理生活上的大小問題。有主見的男性，也是能為女性帶來安全感的，因為他能決定未來要做什麼。**女性在戀愛中最害怕的事之一，就是遇上一個像弟弟或兒子般的男朋友**，非但不會照顧自己，更反過來要照顧他，這亦是為什麼女性較喜歡比自己年長的男性。試想像，明明應該是小鳥依人般跟著男朋友去這去那，變成好像帶孩子般東弁西跑，多醜怪。

男不壞，女不愛？

當我還是中學生的時候，由於《古惑仔》電影系列的流行，男同學們都爭相染頭髮、學抽煙、穿黑色緊身衣服。那時我發現那些低年級的女同學，她們特別仰慕這些 MK 仔，當他們三五成群在一起時，總有幾個少女在旁，教當年的我羨慕不已，亦讓我初次體驗到「男不壞，女不愛」這傳統智慧。

MK 仔那麼受歡迎，是因為他們夠「壞」嗎？對了一半，**女性仰慕男性的那種「壞」，其實是他們的反叛心理**，MK 仔只是把那種反叛，經行為、衣著、說話膚淺地表現出來，當然十來歲的少女也是膚淺的，因此會被他們吸引著，但隨著思想漸漸成熟，女性便會認為 MK 仔只是「柒」而不是反叛。

反叛在表面的男性，只是一名 MK 仔；而**反叛在思想、人生態度上的男性，就是令女性不能自拔的魅力型男。**

反叛的人有打破常規的思想，他們不被現實條件所規限，行事亦不太在意別人的眼光，富冒險精神，自信心強。事實上**反叛也講條件，不是人人都反叛得起**，所以反叛也是一種能力的象徵，女性偏愛有能力的男性，也是常理。

另一方面，基於母性，**女性內心潛藏著馴服反叛孩子的渴望**，因此對反叛的男性，她們會特別注意，甚至主動接觸。

美國羅切斯特大學聯同其他大學，進行了一項關於兩性關係的調查研究，而研究結果仿佛為「男不壞，女不愛」的傳統觀念，提供了一個學術性的支持。

有 112 位學生自願參加了這一項研究，當中男女各佔一半。他們被隨機配對，配對條件是他們在此之前互不相識。然後調查人員向學生收集對配對對象的意見，結果顯示，女性認為 Nice Guy，即對她們較為親切、較多回應的男士，並不吸引她們，反而冷漠和不太主動的男人更為吸引。分析指出，原因可能是女性認為 Nice Guy 的行為具目的性，是為了討好自己而做的，因此不能吸引她們。

有關這個調查的詳細內容

女性口裡說喜歡「乖仔」，**意思是要你在她手上變成「乖仔」**，並不代表她就是喜歡一個循規蹈矩、謹言慎行的人。

男人想征服女人，
女人想馴服男人。

若閣下是男性，讀到這裡也許會覺得做男人真的很累，又要有錢，又要溫柔體貼，又要有上進心，又要承諾將來，又要有主見，又要反叛。對，做男人是很累的，其實做女人也很累，單是要保住容顏青春美麗，已足夠女人累一輩子，但由於此書是以男性角度出發，所以並沒有詳細探討。既然生為男子漢，而閣下又沒有變性的打算，就好好面對上天給我們的安排吧。

若閣下自問已經具備以上各項條件，愛情對你來說是手到拿來的，請把此書帶到收銀處付款，再送給沒有閣下那麼幸運的男士。

Chapter 3:

金錢與愛情

愛情能夠「買」的嗎？

世上有兩種男人，他們都是用金錢來討女性歡心，但兩種男人的心態、手法都不相同，因而導致兩個截然不同的結果。

第一種，他們是真正的有錢人，家財萬貫，他們花在女性身上的錢，就好比我們普通人去吃個飯，看套電影那麼簡單，那麼隨性。**他們很清楚這種關係是建立在利益之上，是明買明賣的關係。**女性付出的是時間、美色以至肉體，用來換取金錢；男性付出金錢，目的是要滿足他的情慾、優越感、佔有慾等，簡單點來說，就是「買女人」。

這種明買明賣的關係，買方賣方各取所需，形式可能是一夜情，可能是一個月的伴遊，亦可能是一年半載的包養，關係的長短多數由「買家」（即男方）決定，因為他是老闆。當關係結束時，就好像租約完結一樣，租客遷出，業主和租客各自找尋下一個對象。我並不是道德高地佔有者（簡稱道德 L），不願評價這種關係的道德價值，只要是你情我願，貨銀兩訖，不要搞出個「商業糾紛」就可以了。

然而，想賺富豪們錢的人多的是，富豪們又憑什麼去選擇「買」誰呢？當然就是令他們最有感覺的一位了，但千萬不要誤會，**有感覺不代表有感情**，感覺可以是單純的新鮮感，甚至性慾，來得快去得快；但感情是屬於精神層面的，付出了就代

表要「上身」，沒那麼瀟灑了。富豪們很清楚自己的價值，要他們投放金錢在美女身上，不難，但要他們付出感情就很困難，因為會隨時帶來「分身家」的結果。同樣，**女性也不會對這種「買女人」的男性付出感情**，因為這些男人隨時會變心，是信不過的。

另一種本身不是有錢人，但他們很願意花錢在女性身上，不論送禮，請吃飯都毫不吝嗇，更甚者是先使未來錢，讓自己欠下一屁股債，我稱這種行為作「供養」女性。

供養和買的分別在於，前者是不會問、也不能問回報的，和供養子女、父母一樣，這是血濃於水的責任，你不能因為自己供養了子女、父母，而期望對方對你有什麼回報，有固然好，但沒有亦不足為奇，所以**沒有期望就是最好的期望**。

供養女性理應也不問回報，但畢竟大家非親非故，男性在付出金錢後，當然希望女方以身相許，當他的女朋友。他們跟「買女人」的男性不同，**他們並非認為單憑錢就可以搞定女性，可是他們根本不懂其他方法**。但事實是供養歸供養，跟愛情是沾不上邊的。

供養女性的結果，很視乎受養的是一個怎樣的女性，列舉以下三個例子作參考：

　　`

　　第一，你遇上一個好心腸的女性，她知道你喜歡自己，才會為她做那麼多，也感激你的付出，但愛情不是責任，她不能因此而和你在一起，並表示可以跟你做朋友，將來不用再花冤枉錢了。這是最佳的結果。

　　第二，你遇上一個壞心腸的女性，她利用你喜歡她這一點，盡情行使一切「特權」，把你的錢當做她的錢，你的時間當做她的時間，簡言之就是把你收編成她的「兵」，無論你做什麼，她就是不喜歡你。

　　第三，這是最壞的情況，你遇上了一個泯滅人性的女性，她不喜歡你，但出於無聊、或喜歡玩弄感情的心態，假意向你示好，讓你自以為成功「追」到她，然後肆意剝削，除了把你的錢當做她的錢，你的時間當做她的時間外，根本你整個人都是她的，要聽她指揮，更暗示你不服從就會失去她。在此陰霾下你只好逆來順受，不斷付出的同時，你連跟她拖手、親嘴都未曾試過，更遑論肌膚之親了。

但最壞情況尚未出現，她在這段時間「騎牛搵馬」，跟其他不同男生曖昧著，當她找到一個真心喜歡的，你便會立即給拋棄，就如拋棄一枚舊電池一樣，任務完成了還留著幹什麼？你不但損失了金錢，還要受情傷，所以我說這是最壞的情況，這種慘絕人寰的遭遇，讓我想起一首歌：

陳小春《獻世》

PTGF

介乎「買女人」和「供養」之間，還有一種稱為 PTGF（Part-time Girlfriend，兼職女友）的特殊關係。用商業思維分析，PTGF 的出現，是因為市場上存在了一種需求，那是「買女人」，以及「供養」都無法滿足的，因此便取其兩者特色，創造出 PTGF。

PTGF 沒有「買女人」的高門檻（當然買到的也不是明星級），也沒有「供養」的付出及回報的失衡，適合一些有點「閒錢」，尋找短期關係，貪新鮮，不想承擔愛情責任的男士。

說穿了，其實 PTGF 也是「買女人」，只是「賣方」由「批發」變成「零售」，以迎合較為大眾化的市場而已。

「鏗鏘集」出租情人

不論「買」、「供養」或是 PTGF，共通點是不會得到真正的愛情。**金錢其實是最沒創意的「追女仔」方法**，假如閣下習慣大灑金錢去「追女仔」，即使表面上成功，請同時明白女人是因為需要你的錢，而不是因為愛上你，才跟你走在一起，那麼你就要有心理準備，她會在你窮困時，或在她已經獲得足夠利益時捨你而去，但千萬不要怪罪她，因為**閣下打從開始便把這段關係物質化了。**

有 錢 有 愛 情 ？

富有的男性特別受女性青睞，這是不爭的事實，但必須弄清楚，**財富是男性吸引力的一部份，而並非用金錢來換取愛情**，這是現今很多人混淆了的概念。

金錢能令男人得到女人，
但不能令他得到愛情。

但為何現今香港男性，普遍都認為「有錢有愛情」？以下是我的個人見解，有可能引起讀者情緒不安，敬請留意。

首要原因十分簡單，就是**拜金港女數量的確增加了**，她們希望以最快捷的方法進入上流社會，或至少脫離打工階層，所以她們會以男性的金錢和物質，作為愛情條件，當中最常見的就是娛樂圈中忽然富貴的女星，這種新聞被大肆報導後，便塑造了港女的拜金形象，以致普遍男性都認為先要有錢，才能有愛情。但其實這些只是社會上少數的一群，假若閣下不是富豪級的有錢人，遇上這種女性的機會也是十分渺茫。

其次，我認為多少跟男性自卑感作祟有關，你不難發現，**信奉「有錢有愛情」的男性，都是在情場上失意的一群**，他們或許被拒絕過，又或許被拋棄過，甚或至未曾嚐過愛情的滋味。他們用「窮」來解釋自己的悲慘遭遇，某程度上是希望把原因推諉到女性身上，潛台詞就是：「不是我不夠好，不是我沒有努力，是女性都太現實了，她們嫌我窮，才拋棄／拒絕／無視我。」那麼便可以對自身的不足視若無睹，繼續心安理得的做人，這種心態再惡化下去，會形成一種過於憤世嫉俗的性格，對任何事都不滿意，仿佛世界都虧欠了他們。

反過來說，是不是所有戀愛中的男性都是有錢人？所謂的「有錢」是指什麼？有多少錢才算「有錢」？不同年紀、不同階段、不同情況也有不同答案，也就是說根本沒有一個客觀的「有錢」標準，而竟然有人視這些含糊概念為金科玉律，我卻只會視這些人在逃避現實，他們愛情不美滿的原因並不是錢，只是他們不願意去正視真正的原因。

金 錢 之 於 愛 情

錢非萬能，但無錢則萬萬不能，這是老掉牙的智慧，已近乎真理。那麼金錢在愛情上究竟扮演什麼角色？

活在奉行資本主義的香港，社會大眾對一個人的評價，多少跟他的財富有關。愛情上，中國傳統文化講求「門當戶對」，就是說如果男女之間在現實條件上接近，他們在思想、興趣、價值觀上較容易磨合，對日後的感情發展，生活相處等亦較為有利。我不太相信童話式的愛情，兩人身份地位太懸殊，是很難發展出健康的愛情。

　　因此，千金小姐配富家公子；中產配中產；基層配基層是自然不過的事，**金錢在愛情上的最大作用，是界定了你大概能找一個什麼階層的伴侶**。然而，我在此需要立即打倒上一句的我，因為跨階層的戀愛，其實也十分常見，因此金錢和愛情之間，究竟有沒有任何必然關係，我還是抱著存疑的態度。唯一可以肯定的是，金錢在愛情中的重要性，並沒有我們想像中大。

　　「千億新抱」徐子淇是萬中無一的跨階層例子，但不要忽略她本來的家境也不差，兼且知書識禮，**嫁入豪門並非偶然**。

　　愛情是一項花費金錢的活動，衣食住行每一項都離不開錢，但並非單靠錢就能獲得愛情，**謹記金錢和物質只是愛情的一部份**，好比工作賺錢是人生必須的，但這並不是人生的全部。話說回頭，要滿足衣食住行，也不需要家財萬貫，只需要有一份正當職業就可以了，所以**「有錢有愛情」的觀念仍然是對的，但門檻不是想像中的高**。金錢能**令你的愛情錦上添花**，由吃快餐變成酒店自助餐；由坐巴士變成駕駛私家車；由到台灣旅行

變成到歐洲旅行，然而**提升物質享受，跟閣下能否獲得一段美滿愛情，是沒有關係的。**

要真正俘虜女性的心，只靠錢是遠遠不足夠的，更重要是閣下的軟實力。

Chapter 4:

Be a better man!

一 隻 「 兵 」 的 誕 生

上一章我們討論過「供養」女性，其中一種結果就是變成「兵」，但情場上危機處處，別以為守緊口袋便能豁免「服役」。

男生想獲得一位女朋友的過程，傳統上稱之為「追女仔」，而「追女仔」的「追」字，本身帶有主動性，目標在前，自己在後，要花力氣和心機，才能把對象「追」到的意思。

基於這種觀念，我們不難發現，很多男生在「追女仔」時，做盡了一切以為自己在「追」的行為，阿諛奉承也好，死纏爛打也罷，把自己弄得氣喘如牛，當中包括：

- 貼心的噓寒問暖
- 殷勤的管接管送
- 浪漫的表白場面
- 隨時候命的傾訴對象
- 任勞任怨的電腦、數碼產品顧問等等……

最殘酷的是，當男生做盡了以上行為，以為女神會因此而感動，從而知恩圖報再以身相許時，女神在她的 Facebook 上載了一張跟他的合照，並寫上「不是男朋友，但比男朋友更重要～」的說明，男生此刻才知自己是當了「兵」，但在知悉的一刻，他已被公開處決，梟首示眾。

寧可孤獨，不可當「兵」。

麥浚龍《沒有人》

對 面 的 女 孩 「 吸 」 過 來 ！

言歸正傳，假如以上方法不能成功「追女仔」，那應該怎麼辦呢？好，由最根本撥亂反正，先來搞清楚一個概念，請告訴我：「追女仔」的目標是什麼？

你有三秒鐘時間思考，三、二、一，夠鐘！

「追女仔」最簡單直接的目標就是：**讓女性喜歡上自己**。

這個目標該沒有什麼爭議性吧？假如閣下同意，請從這個目標出發，以終為始，對比一下剛才提及的「追女仔」行為，你有沒有發現目標與行為之間的落差？

傳統上的「追女仔」，男性以低姿態起步，討好女性，把注意力都放到女性身上，**結果只是令女性知道你很喜歡她**，跟以上提及「追女仔」的目標背道而馳，因為她並沒有義務因此而愛上你。雖然不排除有成功的可能，但過程艱苦，失敗率高，吃力不討好，即使僥倖成功，雙方關係建立在如此懸殊的基礎上，男性的將來路也不好走。

讓女性喜歡上自己，正確的做法是**把注意力放回自己身上**，專注發展和提升自身的吸引力，令女性對你產生仰慕之情，以「不追」來達到「追」的效果，因此我把這種策略稱為「吸女仔」。

不要做一個需要女人的男人，
做一個女人需要的男人。

愛 情 軟 實 力

「軟實力」一詞原本應用在國際關係之中，根據《維基百科》的解釋，軟實力是一個國家所具有的除經濟及軍事外的第三方面實力，主要是文化、價值觀、意識形態及民意等方面的影響力，相對軟實力，經濟和軍事就是「硬實力」。若平白一點來說，硬實力就是以力服人，而軟實力則是以德服人。

借用這個概念，男性在愛情上也有軟實力和硬實力之分，**硬實力就是金錢和物質，軟實力就是內在的吸引力**。可以說硬實力是比較主動的，男性透過消費和物質來討女性歡心，而軟實力則較為被動，憑著吸引力來獲取女性的仰慕。因此，男性能否做到「吸女仔」，就要看他的軟實力水平。

那麼，男性的軟實力體現在哪些方面呢？

不同時代有不同的潮流，除了衣著、髮型外，也會流行不同類型的男性，成為那個時代男性軟實力的象徵。如 5、60 年代流行「飛仔」文化，飛機頭、花恤衫便成為當時男性的潮流打扮，男性之間亦流行一種玩世不恭的價值觀；到了 6、70 年代，Beatles 樂隊風靡全球，男性爭相留長髮、穿喇叭褲，組建樂隊亦成為了當時男性最時尚的興趣；80 年代，港產電影百花齊放，周潤發憑飾演《英雄本色》中的 Mark 哥而紅透半邊天，

即使身高只得 5 尺 4 寸的男性，衣櫃中也必備一件長至小腿的大衣，電影塑造的手足之情和英雄主義，亦深受當時的男性嚮往；90 年代，同樣是受到《古惑仔》電影系列的影響，「留長髮、行古惑（只在行為及言語上，不一定要加入黑社會）」成為了潮流，跟 80 年代的不同，是少了英雄主義，多了三五成群；到了千禧年代，隨著台劇和韓劇的興起，剛陽味濃的男子，漸漸被溫柔體貼的「暖男」取代，成為男性的軟實力指標。

然而，這些指標只能在某一時代，或某個年齡層的男性適用，有沒有什麼永遠不會過時，而且老少咸宜的軟實力，讓男性的吸引力歷久不衰呢？

有的，而且閣下一定聽過，答案就是：**男子氣概**。

怎樣才算有男子氣概？我把它定義為四個方面的人格特質，分別是：**承擔、自信、品味、見識**。

有 承 擔 的 男 人

承擔，就是擔當責任的勇氣，一旦承擔了責任，就有義務付出時間、精神以至金錢，所以責任並不是鬧著玩的，看一個人的責任感，對其人格亦可略知一二。

責任是對人的挑戰，雖然勇於承擔責任，不等如一定能克服挑戰，但至少他沒有選擇逃避，已經是一種肯定。試想想一個人面對挑戰時，只懂埋怨、推卸甚至放棄，這個人的人生有什麼意義？

責任並不一定指什麼豐功偉業，微小如策劃一次旅行，安排一次聚會，構思一個家居佈置也可。女性有天生的依賴性，因此對有承擔的男性有原始的好感，試想想當女性遇上難題時，身邊有人對她說一句「包在我身上」、「不用怕，有我在」，女性怎麼會不心醉？請相信我，這兩句話對女性有神奇的魔力。

有 自 信 的 男 人

男性的自信源於對自我能力的認同，**但盲目自信等如自大**，所以有自信的男人，一定有一些令他引以為傲的事物，作為他信念的根本。

人生在世，運動也好、藝術也好、興趣也好、學問也好，總有一些東西是比較擅長、或熱愛的，你不必是該項目的頂尖專家，但必須對它有充分的熱情。假設你是攝影愛好者，你不一定是攝影大師，但必須熱愛攝影。男性在找到自己擅長的領域後，在經營那個領域獲得滿足感，從而建立自信心。

那我是一個沒有任何專長、沒有任何興趣的人怎辦？請記著我們不是要建立什麼鴻圖大業，只是為了豐富自己的人生，我不太相信一個人連那丁點的玩意也沒有。假如你的人生真的如此單調乏味，我建議你先不要去想愛情，你首要的是重頭到尾檢視你的人生，再作打算。

有 品 味 的 男 人

品味是很虛無、也很主觀的概念，那是**一個人對事物品評的標準**，是一個人心目中量度好壞、美醜、高低、優劣的一把尺。所以理論上任何人都是有品味的，MK 仔有 MK 仔的品味，中環人有中環人的品味，二者並行不悖，分別是他們在用不同的尺，去量度不同事物而已。

要成為一個有吸引力的男人，有品味還不足夠，還要有**多層次的品味**，如 MK 仔只有 MK 品味，或中環人只有中環品味，兩者同樣單調乏味。MK 仔閒時逛逛 ifc（逛就可以，不必消費）；中環人也偶爾到大排檔嚐嚐風味；不論港產片、西片、經典名著、流行讀物、古典音樂、流行音樂，也可多重涉獵。

以上 MK 和中環的例子，把兩者置於對立面，並無冒犯意思，旨在博君一笑。而我真正想給讀者的信息，是人要學懂以

不同角度欣賞事物。人在一個模式上維持久了，便會形成習慣，習慣了從單一角度看事物，得出單一的結論。只有**走出由慣性演變為惰性的舒適區**，學習多角度欣賞身邊事物，培養多層次的品味，才能成為一個有深度、又有吸引力的男人。

有 見 識 的 男 人

周遊列國固然是一種見識，但也不是唯一，看書、看報、看電視也行。但在宏觀角度來說，**見識是男性的處世、待人接物的技巧和觀念。**

也許現在的男性都把時間花在死物上，如電腦、手機、遊戲機、漫畫等，他們普遍缺乏與人相處的能力。我並不認為以上嗜好有任何問題，但過度沉迷，讓自己跟現實世界混淆、脫離、甚至隔絕才是問題。

透過認識不同的人，出席不同的場合，也能增長見識，重點是增加人際間的互動。人情見得多了，就知道如何寵辱不驚；場面見得多了，就學懂如何臨危不亂；世事見得多了，就明白如何從容不迫。有些人碰到些小問題、小麻煩便亂了套，吵個不停，原因就是他們的見識太少，對男性來說更是致命傷，因為女性看在眼裡，這是一種軟弱的表現。在英雄感驅使下，男性也許會愛上軟弱的女性，但女性是不會愛上軟弱的男性的。

「吸女仔」，無得輸

　　以上所做的一切，是讓自己的軟實力提升、進步，令自己成為一位 better man，對女性的吸引力只是副產品，因此這是以「不追」為「追」的戀愛策略。同時，「吸女仔」比「追女仔」更符合「讓女性喜歡上自己」的目標，因此更值得男性採用。除此之外，「吸女仔」策略還有很多意想不到的好處。

　　當你把注意力放在提升吸引力時，不論方法是什麼，過程和結果就是令你變得更有承擔、更有自信、更有品味和更有見識，這是對你自己的裨益，**不論最終對象有沒有成為你的女朋友，你都已經成為了一位 better man，你所付出的都不會白費**。「吸女仔」是贏在起跑線，無得輸的。

　　相反「追女仔」所做的，只要女生說一句「我當你係好朋友」、「我未 ready」、「我有鍾意嘅人啦」，你過去所有的付出都是 total loss，血本無歸。可以說，「吸女仔」是投資，是把「自己」這項資產增值，以換取未來回報；而「追女仔」是消費，以換取即時但短暫的愉悅感（如女神的一句道謝、微笑等），兩者應如何取捨，就由閣下自裁了。

「吸女仔」是慳錢的做法。

「吸女仔」策略看似被動，但其實並非撬起雙手「等運到」，男性必須有技巧地主動做些事情，去讓女生發現你的吸引力，至於做什麼才對呢？這方面會於稍後章節詳細討論。

除此之外，受資源所限，男性同一時間也許只能「追」一、兩個女性，付出多回報少。「吸女仔」則剛剛相反，你的吸引力和對象數量是成正比的，就算不是個萬人迷，做個十人迷、百人迷也算是不錯了吧？當你選擇多了，就可以選一個跟自己最合得來的，發展成情侶。你道這是花心嗎？我道這是為自己爭取最好。不論男女，**對伴侶專一是必須的，但這是在選定了伴侶後的事。**

補充：男性始終是愛情的主動方，所以本書往後篇幅，還是會以「追女仔」來形容這個過程。

Chapter 5:

愛情世界觀

香港是一個自由的社會，法律保障我們有言論自由、結社自由、集會自由等，社會文化上，我們亦享有戀愛自由，我們可以自由地選擇戀愛、以至結婚對象。

基於這種自由，大家必須認清一個事實：**世上總有一些女性是你追不到的，正等如世上總有成交不了的客戶**。請想想正在看此書的你，即使你看盡天下間的戀愛書籍，再不斷磨練各種技巧，你也無法追到周秀娜的，不是說你一定配不起她，而是你根本無法打入她的圈子，這是現實，不到你不服。轉一個角度，一位活在第三世界國家的少女說很喜歡你，你也不大可能愛上她吧？對，你跟周秀娜的距離，就如香港跟第三世界那麼遠。

愛情可以孕育，但不能強求。即使不幸被女性拒絕，也不是世界末日，我們可以為失敗而難過，過一陣子便要重新振作，再戰江湖。千萬不要因為「追女仔」，連自尊也放棄。我最怕、亦最看不起死纏爛打的男性，他們或許被電視、電影等誤導，以為這是堅持、痴情而自我感覺良好，但事實是他們為別人帶來不少困擾，亦為自己帶來「痴漢」的壞名聲。「追女仔」是一種社交活動，壞名聲一旦傳揚開去，在社交圈子裡要「洗底」並不容易。

「*追女仔*」，**要有品。**

平 等 的 愛 情

一位男性愛上一位女性，是希望讓她開心、讓她幸福，理論上如果她跟你一起，她是有得益的。因此，男生千萬不要妄自菲薄，你拿出愛心來，如果對方不領情，甚至在剝削濫用你的愛心，就**必須及時抽身，免被傷害**。

我搞不懂一些男性的心理，他們對喜歡的女性有種觀念，好像自己生下來就是虧欠了她們，有義務對她們無限量地付出，這種人把愛情弄得像個宗教，也許就是因為這種人，現在只要稍為有點姿色的女性，都被冠上「女神」稱號，因為她們真的像神一樣被膜拜。

我不相信世上有絕對的男女平等，某些事情可能是男性佔優，也有一些事情相反，其實男女是否平等根本不重要，**重要的是你情我願**。因此，我認為男性在「追女仔」的過程中，必須有自己的底線，不必做出連自己都不情願的事，好讓雙方即使不是完全平等，也不致於嚴重失衡。

說到男女平等（或大致平等），就不能避談「風度」這個題目。常說男士要有風度，究竟什麼是風度？風度又有沒有底線呢？

風 度 的 法 則

我給風度下的定義是，一些男女都力能所及的行為，出於男性照顧、體貼女性的原因而自願地做了，**讓女性省下了工夫**。

因此，風度是一種慷慨的表現。難道女性不懂拉門嗎？但男性出入時替她拉門，省下了她們的氣力，這就是風度；難道女性不能晚上自己回家嗎？但男性送她歸家，省下了她獨自回家的風險，這就是風度。而一位女性不能自行維修一台電腦，男性去幫助她，我不認為這是風度，而是仗義。

那麼難道女性沒錢吃飯嗎？男性替她們付鈔，省下了她們的金錢，這就是風度，那麼男性為了顯示風度，就必須請吃飯了嗎？答案的關鍵在於**男性是否出於自願**。

世上有些事情很奇怪，不管你有多看不過眼，當事人一個願打，一個願捱，旁人也管不了那麼多。風度也是如此，只要男性出於自願，不論是拉門、接送、付鈔，一切都是個人選擇，不容別人非議。而**自願又是建立於快樂之上**，即男性必須因為這些行為得到快樂，才會自願去做。故此，作為男性，每當有人以風度作理由，向你提出要求，或閣下出於道德感召，想作出一些合乎風度的行為時，請停一停，想一想：我是否出於自願？我做過這件事後是否感到快樂？之後才行動也未遲。

我特別討論風度這個題目，是因為看見很多人，不管男女，都沒有把這個概念弄得清楚，因而引起了很多爭論。女性認為男性凡事都應表現風度，卻沒有考慮其實這並不是一種義務；男性也只一味認為自己出於風度，應該處處對女性容讓，卻忽略了自己也是啞子吃黃蓮——有苦自己知。然後各自向身邊朋友訴苦，便得出結論：港女現實、港男小器。

　　少數立壞心腸的女性，動不動便跟男性講風度，其目的就是呃飲呃食呃車坐，這些不是出於自願的行為，男性當然不會快樂，更應該斷言拒絕，並引用本書有關風度的章節，著她反省一下。換個角度看，也有少數男性完全不自願為女生做任何事，這也是一種個人選擇，但他便要承認自己是一個沒風度的人，並接受不易獲得女性青睞的結果。

風度＝慷慨＋自願

有 條 件 的 愛

要獲得世上任何事物，都必須付出條件。想吃飯便要付錢；想擁有健美體態便要流汗水；想獲取知識便要用功學習。那麼愛有條件嗎？

德蘭修女的事蹟相信很多人都聽過，她把生命奉獻給貧苦大眾，對世人的愛是無私的，她曾經獲得諾貝爾和平獎，以及獲得天主教會封聖。這種達到聖人級別的人，她付出的愛也許是無條件的，但我們作為一般人，絕大多數也不具有如此高尚情操，我們的**愛是有條件的，分別只在於是什麼條件。**

也許你會問：母愛不就是偉大、無私的嗎？對不起，母愛也是有條件的，因為母親只會對她的子女偉大無私，而不是隨便一個路人甲乙丙。母愛的條件，就是對象必須是她的子女。

古代也有一些忠君愛國的賢臣，不論換了幾朝皇帝，或者皇帝如何昏庸，他們都義無反顧地報效國家，甚至以身殉國。宋朝名臣文天祥，在宋朝滅亡後被俘虜，元朝派人勸降，但他寧死不降，最終求仁得仁，如此風高亮節的愛國情操，是有條件的嗎？

答案也是有條件的。條件就是愛國的那個「國」，必須是那個「國」，也就是說文天祥愛國，他的條件是那必須是宋朝，不是宋朝就不愛，不愛到一個地步連生存也不願，那就是他愛國的條件。

愛有條件的說法，或許會觸動了一些道德 L 的神經，衝擊了他們愛是無私的固有價值觀。但其實道德 L 也沒有錯，分別只在於愛的範圍有多大，**在那個指定範圍內，人的確可以做到無條件的愛**。母親愛的範圍是子女；文天祥愛的範圍是效忠的國家；德蘭修女愛的範圍是世上的貧苦大眾。當你愛的範圍越大時，你就越接近「大愛」的境界了。

愛雖有大小之別，卻無高下之分。

那麼男女之愛的條件是什麼？範圍有多大呢？

男 人 花 心 ， 女 人 專 一

這裡我們把次序調動一下，先談範圍，再說條件。常言道：男人花心而長情，女人專一而決絕。男人花心，是基因使然，目的是為了提升繁殖成功率。而長情也是出於天性，在英雄感作祟下，男性有照顧和保護女性的使命感。因此一對情侶即使分開了，男性對女性始終保留著一份感情。假如閣下是男性，試想想一天你的前女友找你幫忙，只要要求不是太過份，通常都不會拒絕。**男性在愛情中，他們愛的範圍是廣而深的。**

女性在愛情上專一，是因為她們需要一段穩定的關係，以獲取安全感。當她們找到了合適的對象後，便不作他想，一心一意的把感情投放在他身上。假如這段感情起了變化，基於專一的本性，女性比男性有較高的容忍度，但萬一關係惡化到要分手時，女性的傷痛會比男性大很多，因為她投入了所有的感情，卻一下子化為烏有。試想像閣下把一生積蓄投資到迷你債券，但券商突然倒閉，債券變廢紙，你本來只想穩定過日子，最後卻變得一無所有，女性失去一段感情的痛，就是如此。

當女性決定結束一段感情，不管是主動還是被動，她都會很傷痛，但正正因為這種傷痛，令她們對感情十分決絕。大部份女性都不會對前男友噓寒問暖，但相反的例子則是常見的。**女性在愛情中，他們愛的範圍是狹窄而集中的。**

基於以上理由，男性對女性提出分手，通常都有挽救的機會，相反，女性提出分手，這段感情大概已經蓋棺定論。題外話，女性的決絕亦代表決心，認定了就不會改變，這種特質往往反映在事業上，是以女性在商業上的地位正不斷提升。

愛 情 與 世 界 末 日

那麼男女會在什麼條件下付出愛情呢？這一點男女之間沒有太大分歧，同時跟上述母愛的例子很相似，就是付出的對象，必須就是「那個人」。

假設 Tommy 跟 Fiona，雙方互生情愫，繼而付出愛情，發展成情侶。經過一些日子後，Tommy 和 Fiona 在生活、思想、個性上都出現了一些轉變，他們漸漸發現，雖然 Tommy 還是 Tommy，Fiona 也還是 Fiona，但除了客觀條件上還是那個人之外，原來內裡的早已改頭換面，也許是你變了，亦可能是我變了，總之在這一刻，對方就不是能符合我付出愛情條件的那個人，最終當然是分手收場。

《淘汰》陳奕迅

付出愛情的條件，就是對象要符合我在當下，對付出愛情的條件，那條件是什麼？不知道，又或者不同時期有不同答案。聰明的你應該知道這是一種循環解釋，說了等於沒說。對，愛情本來就無法解釋，不然美女又怎會愛上野獸？又怎會直教人生死相許？

年輕人的戀愛易來易去，原因是他們的人生還在探索階段，大體上就是處於「不知道自己想要什麼」，或「不知道什麼適合自己」的混沌之中，是一種可塑性，也是一種可變性，統統表現在興趣、外表、職業等方面，當然對愛情也不例外。成熟後思想開始確立，才有機會發展出較為穩定的愛情。但我強調這只是相對的，不管什麼階段，人都是善變的，所以我們永遠不能預計哪一刻自己，或對象對愛情的條件改變，令自己或對方不再願意付出愛情。

　　讀者或許感覺到我對愛情有點悲觀，誠然這不單是我的個人觀點，君不見無論有沒有在宗教儀式下進行的婚禮，在結婚誓詞中，都需要承諾對方終身不變嗎？反過來說就是因為人的善變，才要作出如此誓言，這是人性，只是人類以文明來規範了它。

　　愛情看來有點「靠唔住」，但除非閣下打算出家，清心寡慾，否則俗人們都需要愛情，那應該怎麼辦？這個世界終有一天會滅亡，所以世界也是「靠唔住」的，但我們不知道世界末日何時來臨，所以明天還是要一早起來上班上學。結論就是不要想，瞓啦柒頭！

Chapter 6 :

愛情會使人變笨

常言道：愛情是盲目的，盲目就是不理性，而當一個人不理性時，他就不能作出邏輯性思考，因而會作出別人難以理解的決定和行為，通俗點說，就是做出一些很笨的事，因此我們也常常聽說：**愛情會使人變笨。**

因此，戀愛中的男性，會為了給女朋友買一條限量版的手鏈，而在店外排隊排上幾個小時；女性也會在毫無根據的情況下，對男朋友的山盟海誓深信不疑，這些在理性人眼中的笨事，統統都會在戀愛中的男女身上發生。

審運中變笨是一定的。

在戀愛中表現得笨一點，其實不是壞事，因為這代表著我們放下了計算，放下了機心去做人，**純粹為了建立和維繫一段感情而付出**，從另一角度看，這是一件情操高尚的事，也是愛情最令人嚮往的境界。然而，**當這種「笨」發展到極端，就會成為不少痴男怨女的噩夢。**

愛 情 中 的 笨 男

　　愛情中最笨的男人，就是「下體控制腦袋」那種。所謂「下體控制腦袋」，其實是指男性被慾念影響，把持不了理智，在女性、以至女色面前智商歸零，放縱自己的慾望，不分是非對錯，最終亦被慾望吞噬。而基於繁殖理論，用下體來比喻男性的慾念，是非常恰當的。

　　古有周幽王為逗褒姒一笑，大搞烽火戲諸侯，結果導致國破家亡，果真一人好色，萬人當災。周幽王他昏庸，但不是傻子，不會不知道烽火是不能玩的，但記著愛情有著令人變笨的能力，他對褒姒的愛，令他以龍根取代了腦袋思考，因而做出了極之愚蠢的行為，落得慘淡的下場。

「烽火戲諸侯」典故

　　你看男人的幽默感多重要，周幽王就是欠了些幽默感，才斷送了江山。

那麼現代的笨男又如何？現代雖然沒有周幽王，但也有一些「周永痕」的男人，身邊有位願意跟自己同甘共苦的太太，又有兩個天真無邪的孩子，一家人本應樂也融融，但他卻去搭上其他女人，更釀成家暴悲劇，親手破壞美好家庭之餘，亦令自己臭名遠播，那不是笨得要死嗎？

　　在人類歷史上，男性為新歡拋棄糟糠的例子並不罕見，糟糠妻子勤勞、節儉、賢慧，為身邊的男人無限量付出。而新歡卻剛好相反，她們不事生產，揮金如土，為什麼男性反而會為新歡拋棄糟糠呢？

　　糟糠比不上新歡的，不外乎就是年輕貌美這些外在條件，但不要小覷，單靠這些條件，就足以令男性被下體控制腦袋。

愛 情 中 的 笨 女

　　女性在愛情中的笨，是那種「戀愛大過天」的笨。女性天生感性，認定了對象便全心全意地去愛，愛情成為了她們的生活，以至生命中最重要的元素。和男性一樣，女性在愛情中會喪失理智，做出愚蠢的事。

　　在手機應用程式商店中，搜尋「交友」、「matching」等關鍵字，可供選擇的手機程式多不勝數，而且都是免費下載。現代都市人生活繁忙，社交圈子狹窄，網絡交友無疑提供了一個找對象的平台，但同時亦成為了不少笨女人中伏的陷阱。

　　騙案的模式千篇一律：單身的 Anna 在手機安裝了交友程式，閒來無事只管看看照片，有一天 George 向她打招呼，George 是一位外籍男性，從頭像照片中看，他是成熟穩重的類型，Anna 對他的好感油然而生，是以雙方打開了話匣子。

　　言談間 George 透露自己 30 出頭，來自英國，是一位商人，常常要到不同國家經商，所以一直都沒有固定女朋友，而他的興趣是潛水、高爾夫球、賽車等。Anna 感到 George 年輕有為，見識廣博，整個 Package 十分優秀，跟他總有聊不完的話題，常常盼望收到他傳來的信息。

在他們相識的第三天，George 向 Anna 表白心跡，說她就是自己多年來一直等待的人，希望 Anna 能接受他的愛意。Anna 聽後受寵若驚，這千年一遇的「筍盤」竟然看上了自己，這不是比中六合彩更幸運的事嗎？在分不清現實和夢境的剎那，Anna 已經接受了 George，並雙雙墮入愛河。

在接下來的一個月，Anna 每天沉醉在戀愛的甜蜜中，George 每天都會給 Anna 發一些窩心的信息，說她是自己的心肝寶貝，每天都掛念著她之類。George 說很快會安排自己到香港和她見面，更承諾將來要帶 Anna 到英國一起生活。只要想到和 George 的幸福未來，便足夠 Anna 心花怒放一整天。

一天，Anna 收到 George 的信息，他說自己的公司周轉不靈，想向 Anna 借三萬元應急，事情解決後便會立刻清還，Anna 為救愛人義無反顧，當天便把錢存入 George 給她的海外帳戶。

沒幾天，George 又遇上了麻煩，這次是他媽媽急病進了醫院，需要一筆手術費用，他再次懇請 Anna 幫忙。Anna 看在 George 是位孝子，他的媽媽又是未來奶奶，再次把費用轉帳過去。

如是者 George 每隔三朝兩日，便用不同理由向 Anna 要錢，Anna 開始猶疑，待她想進一步追問 George 時，George 已比她更早一步，在交友程式中封鎖了她。Anna 這刻才恍然大悟，自己是中了交友騙局，「筍盤」是假的，騙子是真的，花了幾十萬元，買了一個英國紳士太太的夢。

　　雷同故事不斷在你我身邊發生，根據警方數字，單在 2018 年首四個月，網上情緣騙案牽涉的款項近一億元，當中九成受害人都是女性，而且多數具備高學歷。

2018 年 5 月 30 日《香港經濟日報》
網上霧水情緣　56 歲公屋文員富婆被網上情人呃 2640 萬元

騙徒多數化身「鬼佬」，主要是抓著港女崇洋心理，以及免去見面的機會。

這些女性都有高學歷，有一定的學問和常識，但一旦觸動了她們的戀愛神經，就會變得愚不可及。

有 一 種 笨 叫 犯 賤

恕我淺薄，犯賤這個詞語，除了男女關係，我從未見過用來形容其他關係，因此犯賤這種心理，仿佛是戀愛中獨有的。

一些明知會傷害自己的事，或明知不會有好結果的事，有人甘心情願的去做，我們便會形容這些人，或這些行為是犯賤。愛一個不應、不該、不能、不值得愛的人，你給他／她良心，他／她作狗肺，而你還樂此不疲就是犯賤，他們也許會為這些行為找藉口，說什麼迫不得已、身不由己、魂不附體等等，目的只是合理化自己的犯賤行為，而這種程度的不理性就是笨了。

當**一段關係嚴重失衡**，弱方對關係過度投入，而強方則毫不在意，弱方在這不平等的條件下，便很有可能變得犯賤。

人之所以犯賤，原因之一是**為了獲得存在感**，想吸引心儀對象的注意。他們寧可被糟蹋，也不要被漠視，因為糟蹋好歹也是一種互動，一種溝通，總比什麼都沒有發生好。在糟蹋的過程中，對方把注意力放在你身上，你便享受著剎那被注意到的快感，所以在犯賤的人心中，他們不認為被糟蹋是痛苦，甚至會主動追求。

另一個犯賤的原因是**怕失去**，由於關係的不平等，弱方的去留，對強方是無關痛癢的，相反強方就好比弱方的精神支柱，一旦失去便會崩潰。弱方因為怕失去，即使明知沒有將來，仍犯賤地為強方付出，泥足深陷，就像一個癮君子，明知毒品有害，但仍然沉淪毒海。

　　不少深中愛情毒的男女，飽受犯賤之苦，只望憑歌寄意，教他們早日回頭：

《痛愛》容祖兒

《犯賤》陳小春

必 要 的 笨

也許你會問：有什麼方法避免在愛情中變笨呢？答案是：
沒有。

戀愛中不變笨，就是用理性去愛，但**「理性的愛」就好比
「太陽能電筒」，本質上是自相矛盾的**。若愛情不會使人變笨，
那就沒有意義了，我們唯一能夠做的，就是令自己不要變得太
笨。在陶醉於愛情的同時，無論如何都要在心的深處，那怕只
是一點點，也要**留下一塊園地，建立理性的堡壘**，作為保護自
己的最後防線。

Chapter 7:

踏出結識第一步

談論過戀愛的心法後，接下來便要踏出實踐的一步，實實在在的探討一下，怎樣跟我們的「客戶」成交，也就是怎樣才能追到一位女孩。

一 切 由 朋 友 開 始

朋友是一個很廣泛的概念，泛泛之交、點頭之交、生死之交、社交網站上更有一批點擊之交，縱使交情有深有淺，但定義上都是朋友。我相信**絕大部份情侶，在拍拖前都是以朋友作起步點的**。有一種朋友，是環境替你創造了結識的條件，例如同班同學、同部門的同事、朋友聚會互相介紹等，結識這種朋友沒有難度，亦沒有掌控性，所以不作深入討論。

另一種朋友則剛好相反，結識的難度很高，就是跟閣下全無交集的陌生人。想像某一天你到一家餐廳吃飯，發現那裡的一位女侍應十分漂亮，想結識她做朋友，你鼓起勇氣上前問她的名字和電話，假如閣下沒有謝霆鋒一般的吸引力，你認為自己的成功機會高嗎？即使成功，由於你們沒有日常相處的機會，要再發展下去也要多花很多功夫。

然而，不少男性喜歡這樣結識女生，這是一種漁翁撒網的策略，分散投資之餘，即使最終被拒絕，由於大家並沒有共同圈子，因此並沒有「瘀」的感覺，但我認為這種策略把自己放得太低，因此不建議採用。

也有一些男性，他們結識陌生人不是為了分散投資，而是他對這個女性一見鍾情。在這種情況下，他的追求過程會變得更費時、費神、費錢、費勁。**假如閣下追求的女性，都是跟你生活圈子相距甚遠的，被拒愛的機會自然高。**上述餐廳的例子，即使閣下對女侍應一見鍾情，但對女侍應來說，**閣下只是每天千百個陌生人之一**，她為什麼會無緣無故的愛上你呢？男性是衝動的動物，一見鍾情發生在男性身上並不稀奇；相反，**女性在愛情上較為慢熱**，她們需要時間摸索、了解一位男性，而不會隨便地跟他成為情侶，反過來說，一位很「濫」的女性，也不是男性的理想對象，對吧？

畢竟我也年輕過，正所謂「年輕得碰著誰亦能像威化般乾脆」，**這種一見鍾情的魔力，情竇初開的少男是難以抗拒的**，因此我並非反對閣下追求這種對象，而是應該做好心理準備，閣下失敗的機會很高，又或者要付出很大的努力，去和她建立共同的圈子，就如當年的銀行廣告口號一樣：我唔係鍾意食你煮嘅麵，我係想見多你幾面咋。

香港電視廣告 - 滙豐銀行（1994 年）

年輕人青春就是本錢，
任性一下也無妨。

半陌生人

　　還有一種人，介乎以上兩者之間，他們跟閣下雖然沒有日常的交集，但又稱不上是陌生人，這種「半陌生人」最有發展空間，值得花時間悉心經營。

　　半陌生人跟閣下有日常見面的場合，如學校、公司、興趣班，甚至是鄰居等等，**但並沒有接觸**，你們可能就讀同一所學校，但是不同班級或學系；也可能是在同一家公司上班，但各自隸屬不同部門。你們互相能認出大家，但不知道對方的名字，由於環境只給你創造了一半的條件，另一半就得靠你自己了。

　　結識半陌生人，可以是一件十分簡單的事，簡單如在乘電梯時打招呼，再延伸出話題。即使是個性比較害羞的男性，由於大家有相同的背景，因此要打開話匣子並不困難，且以下例子作說明：

學校篇

男：「Hello，平時成日撞見，我叫 Leo 呀，都未知你
叫咩名？」

女：「我叫 Joey。」

男：「我讀 Engine 架，你呢？」

女：「我讀 Account。」

男：「咁你識唔識一個叫 Patrick 嘅人，我聽講佢讀書
好勤力⋯⋯」

公司篇

男：「Hello，平時成日撞見，我係 Sales Department
同事，你係咪 HR 嘅同事？」

女：「唔係呀，我係 Admin 架。」

男：「哦，我叫 Leo 呀，你叫？」

女：「我叫 Joey。」

男：「Hello Joey，有機會約你食 Lunch 呀。」

接下來當然是向她「抄牌」，留下電話號碼，以便日後聯絡。
搭訕時，**先說自己的，再問對方問題**，就如例子中，先說自己
名字，再問對方名字；或先說自己的部門，再問對方的。這樣
做**除了禮貌原因，還是一個潛在的命令**，讓對方不得不回答問
題，那麼話題就自然的打開了。

這種搭訕方式可以套用在不同場景中，**前提是對方是孤身一個人**，因為假如她是跟一伙人一起，而你只跟她搭訕，你的意圖也太明顯了，即使對方內心不介意和你交朋友，當下也不好意思答應，所以當時機出現時，閣下應好好把握。

當然搭訕也有機會失敗的，其中很大程度取決於你的表現。如果你是那種雖無過犯、面目可憎的人，這種做法可能不適合你。但這種人畢竟只屬少數，一般情況下，**別人不會無緣無故的喜歡你，同樣也不會無緣無故的討厭你，多數人在跟你認識前，對你的感覺就是沒有感覺**，只要你能表現得大方一點，面上掛上友善的笑容，成功結識半陌生人的機會高於一半。

跟半陌生人結識後，由於大家常常有碰面的機會，對將來感情發展打下了良好基礎。

網 絡 「 膠 友 」

在互聯網或手機程式交友，情況近似於結識陌生人，分別只是換了個平台，由現實走到虛擬，正因如此，網絡交友風險更高，更不可靠。我本人並不反對網絡交友，只是網絡「膠友」太多，付出的努力跟回報不成正比，因此不建議認真找對象的人使用。

朋友 GPS

結識了心儀的女性後，你便要好好處理這段關係，所謂的好好處理，就是**你要把自己定位在一個適合的位置上**，這一步的技術含量最高，不好好處理，關係定型了之後便很難改變。

有些男性比較進取，也就是目標為本的那種，跟女性初相識便高姿態的追求，把自己定位成「追求者」，讓人家一眼就看穿你是什麼來著，還是那句老話，閣下若沒有謝霆鋒的吸引力，千萬不要這樣做。

我再重申，女性是慢熱的動物，她們對男性的好感，是要花時間，一步一步去建立的。再者，換個女性角度看，你那麼高調的來追，假如我答應跟你去看個戲，吃個飯，你，和所有知道你在追我的人，都會假設我接受你了。萬一交往過後，才發現原來你不是我喜歡的類型，沒有跟你在一起，人家會說我在玩你、在「收兵」，無辜地給自己建立了個壞名聲。因此，為免被誤會，我乾脆連吃飯看戲也不去了，這是你想得到的結果嗎？

「追求者」太高調行不通，另一種男性，他們**以低姿態起步**，跟心儀女性先做朋友，再做好朋友，再到無所不談的知心友，希望透過互相了解，慢慢培養出感情，再互生情愫，時間由幾個月至幾年不等，這種做法聽上去很合理，事實是這樣嗎？

每個人都有惰性，這是與生俱來的，所以對一些習慣了的事物，我們會懶於改變，安於停留在舒適區（comfort zone），工作如是，感情亦如是，尤其是女性。

　　當男女已經建立起友情的基礎時，假如男性忽然向女性表白，說自己其實一直很喜歡她，想她做自己的女朋友，對女性來說這種改變是很困難的，因為**她已經習慣了和你的好朋友關係**。又代入女性角度，原本你是我的「男閨密」，在不知多少個晚上，我習慣跟你說秘密、訴心聲，今天忽然來個大轉變，要跟你談情說愛、撒嬌弄癡，除了患上精神分裂外，我不知怎樣才辦得到。

　　也有另一種情況，的確因為大家的友情太深厚，女性為了珍惜這位知心好友，不忍改變大家的關係，因而拒絕男性的好意。無論如何，「男閨密」這條路也是行不通的。

葉蒨文《情人知己》

觀察一下，身邊有很多知心女友人的男性，戀愛經驗通常不豐富。

　　說到這裡，讀者也許會問，我剛才不是說女性是慢熱的，要慢慢的了解和溝通嗎？為什麼做朋友互相了解也是錯，這不是自相矛盾嗎？

　　朋友是要做，了解也是需要的，但只要做普通的朋友好了，不必太深入，**謹記愛情需要的是火花，而火花跟神秘感、好奇心、不確定性是悉悉相關的**，太了解反而難以擦出火花，因此和女性交了朋友之後，你應該**把自己定位為「熟人」，和她保持著一段若近若遠的距離**，對日後點燃愛情火花，才是最有利的位置。

　　那麼「熟人」又是如何定位呢？這就是我說技術含量最高的地方，了解是必須的，但又不能了解得太深，那什麼程度才算「不太深」呢？就是**只讓她了解表面的那個你，和一點點真實、內在的那個你**。

怎樣區分表面的你和內在的你？你姓甚名誰、家住何處、興趣嗜好、宗教信仰、學歷出身、社交圈子等等**可以客觀描述的東西，就是表面的那個你**；性格取向、志願理想、成長經歷、家庭觀念、愛情態度這些**精神層面的東西，就是內在的那個你**。大部份認識你的人，都知道表面的那個你，所以知道也不代表什麼，而要和對象建立「熟人」關係，就要**讓她知道一點點內在的你，引發她對你的好奇心**，就如變魔術一樣，魔術為什麼這樣引人入勝？是因為魔術師只給你看一點點，而把最關鍵的部份隱藏，當觀眾看到神奇的魔術後，便會好奇地想是如何做到的，隱藏的部份究竟有什麼機關等等，人與人之間的好奇心，也是同一道理。

至於這一點點內在的你，要怎樣透露出來，才能收最大的效果，下一章繼續探討。

男女之間若有純友誼的關係，原因是那個女生不是男生喜歡的類型。

Chapter 8:

善用朋友圈

我常常提及，男性的性格特徵、優點，要不經意的透露出來，用以吸引女性，為什麼要不經意？怎樣做才是不經意呢？

不經意是為了避免對方反感，令對象不知不覺的愛上你。你這麼來硬銷自己，不用說都知道你想幹什麼，即使有機會成功，但既然有更上乘的方法，為什麼不用呢？

由自己口中說出來是刻意，反過來說，不由自己口裡說出來就是不刻意了，有什麼方法呢？

閨 密 影 響 力

你身邊的每一個朋友，都是你的頂尖推銷員。試想想你想光顧一家餐廳，但不知道它的食物水準如何，你會相信餐廳的廣告，還是朋友的意見？廣告是由餐廳自己打的，不客觀，但朋友的意見是客觀的（假設他跟餐廳是沒有關係的），因此我們會較易相信後者，而在製造個人吸引力上，也是同一原理。

在學校、公司這些場合裡，女生通常都有一個自己的圈子，常常三五成群的去吃飯、上下班，上廁所等等，你喜歡的女生也不例外，在結識她時，最好連她的朋友、閨密一同結識，若你能好好處理和閨密們的關係，對追女有莫大的幫助。

閨密的作用，就好比餐廳例子中的朋友，她為你說一句，比你為自己說一百句更有效，問題是，怎樣令閨密幫你說好話呢？

在日常的交往中，你可以對閨密作出一些較為貼心的行為，例如吃飯時替她找一個冷氣較弱的座位、點菜時先詢問對方的口味、替她拿重物等。當你在閨密們心中留下好印象後，倘若她們和你的對象聊天時提及你，對你評價都是正面的，這些**無形的影響才是最具殺傷力的**。

男性在心儀對象前要展示吸引力，而**在閨密眼前，你需要的只是做一個「好人」形象**，因為你不是真的想追閨密，萬一你對閨密做得太多，令人誤會你在追求她，甚至令閨密真的喜歡上你，那真是「誤中副車」，對你是極之不利，即使你沒有跟閨密拍拖，你真正心儀的對象，也可能會顧及閨密之情，不輕易與你發展。

對閨密的好，只能點到即止，讓她們留下一個好印象就已經足夠。

美 女 醜 女 ， 一 視 同 仁

男人愛美女是天性，然而我並不贊成閣下只單憑外表去選擇對象，但假如閣下真的想追求一個美女，又應該怎樣善用朋友圈，去提升自己的成功機會呢？

在一個群體裡，必定存在一些比較漂亮，和比較不漂亮的女生，我姑且以「美女」和「醜女」去區分她們，但目的只為方便寫作和閱讀，並無意冒犯任何人。

多數情況下，美女會得到男性的較多優待，甚至有些性格比較「狗公」的男人，對美女大獻殷勤，對醜女則不屑一顧，這種「狗公」一般都不會得逞，因為狗始終是狗，人狗可以有主僕的感情，但不會發展成愛情的。

美女在她的各個社交圈子中，以至在她的生命中，已經習慣了男性對她的優待，甚至仰慕，因此你再成為其中一員，對美女來說並不是什麼特別事，反而，你為了引起美女的好奇心，非但不應優待她們，更要對群體中的醜女一視同仁，例如同一件事美女和醜女找你幫忙，你要麼兩個都幫，要麼兩個都不幫，**記著你跟美女也需要接觸，否則她未必知道你的存在，只是在接觸當中，讓她感覺不到優待。**閣下甚至可以對醜女作出一些優待，再故意給美女知道，她便會開始注意到，你和她身邊團團轉的男人有所區別，假如她是一個好勝的女生，她更會為了獲得你的注意，而刻意接近你，那麼她就正中下懷了。

和閨密的情況一樣，對醜女的優待不能過份，否則真的讓她喜歡上你，又是「誤中副車」了。

以下模擬了一個場景，去示範以上技巧應如何操作。

有一天你和朋友到酒吧消遣，酒過三巡後，你發現酒吧的另一處，有兩位女士正在喝酒消遣，當中一位是美女，另一位是醜女，你想上前去跟她們結識一下，受男性先天的本能影響，先吸引你的當然是美女，但其實她不止吸引了你，還吸引了酒吧內所有男士，就在這酒吧之內，已經有不少男士跟她搭訕過了，那麼你應該怎樣行動呢？

　　假如你直接去跟美女搭訕，即使她出於禮貌跟你聊一下，她的反應也不會很積極，因為她在這家酒吧，以至人生中都有過不同被搭訕的經驗，代入她的處境，若每次搭訕她都積極對待，她要浪費多少青春在陌生人身上？

　　相反地，假如你的搭訕目標是醜女，事情會怎樣發展？首先，醜女的被搭訕經驗較少，對於你突如其來的「寵幸」，她們的抗拒心理較弱，畢竟普遍人都認為，被搭訕是一種對外觀的肯定，醜女對此高興還來不及；再者，**心理上，跟美女搭訕是「以下犯上」，跟醜女搭訕則是「君臨天下」**，前者心理壓力很大，後者則較為輕鬆，所以和醜女搭訕時，男士反而表現得更自然。

　　你跟醜女打了個招呼，她有點受寵若驚，竟然在美女朋友面前，被一位陌生人搭訕起來，當然美女也有同樣的想法，她會開始把注意力放在你身上。開始時你**先跟醜女聊著，接著慢慢把話題擴散開去**，例如你問：「你喜歡喝什麼酒？」當醜女回答過後，便可藉此再詢問美女喜歡喝什麼酒，此舉作用在於，

把大家的互動性由醜女，轉移至全部人身上，當大家一起聊天時，你便成功地以搭訕醜女為始，以結識美女為終，達成了目的。這就是把美女醜女一視同仁，甚至優待醜女的神奇功效。

美 女 是 怎 樣 煉 成 的 ？

「價值投資法」是股票投資策略的一種，由葛拉罕提出，由股神巴菲特實踐並發揚光大。策略重點是透過基本分析，如股息率、市盈率、市淨率等數據，去尋找一些股價被低估的股票，在市場並未察覺它們的真正價值時買入，然後等待公司成長，直至一天醜小鴨變天鵝，在市場注視下股價一飛衝天，早期買入股票的投資者，便可藉此賺取豐厚利潤。

中國古代也有「奇貨可居」的故事，戰國時代，商人呂不韋在趙國經商，遇上了秦昭王的孫子異人，他當時在趙國當人質，並沒有很好的待遇。呂不韋憑著敏銳的商人觸角，判斷異人是一件價值連城奇貨，因此便極力投資在他身上。最終異人當上了秦王，呂不韋的投資亦實現了回報，而且十分可觀，在異人的提拔下，呂不韋成為了權傾朝野的大臣。

以上兩個例子說明，優秀的東西，初時不一定起眼，但金子總會發光，只要稍經時日，它一定光芒四射。女生也是一樣，有些女生天生麗質，也有一些是「禾稈冚珍珠」，平時沒有什麼人留意她，但一經蛻變就會脫胎換骨。

你總遇過以下這些情況：一個肥胖的女生，減肥後令人眼前一亮；公司的會計小姐，平日不施脂粉，公司年度舞會那天，她脫下眼鏡，化了妝，穿了裙，原來也很有女人味；也有一些長髮女生，剪個短髮後才顯得格外明艷照人。

男生都喜歡美女，但追求美女並不容易，若我們能學習巴菲特和呂不韋，**在美女還未成為美女前，和她們建立起良好關係**，有朝一日她們蛻變成功，相比那些因著美貌才撲過來的狂蜂浪蝶，你是佔盡先機的，問題是，我們怎樣才能辨別出會變天鵝的醜小鴨呢？以下是幾個特徵，給大家快速地過濾一下。

一 白 遮 三 醜

女生的皮膚狀態，對她外觀的影響十分明顯，皮膚不好，即使化妝也無補於事。因此，皮膚好的女性，是較有條件由醜女蛻變成美女。請注意，此處小標題用「一白遮三醜」，只是利用大家熟悉的俗語，帶出皮膚對外觀的重要性，並不代表只有皮膚白皙才是好。

相 由 心 生

有些人幹不出傷天害理的壞事來，但就是心地不好，例如喜講是非、貪心、刻薄寡恩等，這種人心胸狹窄，斤斤計較，樣子通常都不好看。相反，思想正直，品行端正的人，心善則

美，眼神和咀臉等都較為「順眼」。因此，一位心地善良的女生，即使暫時不算漂亮，將來也有蛻變的可能。

真正大奸大惡之徒，表面反而看不出來，例如我個人認為，大賊葉繼歡的樣子算是和善。

沒 有 醜 女 人 ， 只 有 懶 女 人

天生麗質的女性只是少數，美女多數是靠後天努力，把自己由平凡人，甚至醜女，蛻變成美女，當中護膚、化妝、髮型、衣著等等缺一不可，所以勤力是其中一項蛻變的條件。

人 以 群 分

女性能否蛻變成功，跟她的朋友圈也是有著密切關係，志趣相投的人會走在一起，不論男女，要了解他，可先看看他的朋友是什麼人。一位平凡的女生，假如她的朋友中有曾經成功蛻變的，她可能會被影響、被鼓勵作出蛻變。即使沒有這任先驅者，你可以觀察一下朋友之間的活動，例如談的都是什麼話題，做的都是什麼事情等。一群只懂說三道四的長舌婦，跟一群言之有物的淑女，互相影響之下，後者之間的正能量，才會有機會令她蛻變，成就一個更好的自己。

Chapter 9:

AIDA 模型（一）

一件產品，面對市場上數之不盡的競爭對手，傳統的「有麝自然香」，即做好產品質量，務求做到有口皆碑觀念，雖然仍然正確，但是還不足以令你在市場中脫穎而出，因為你懂得提升質量，對手同樣懂得，所以商業戰場已不限於產品開發，還擴展至市場策略上。因此，明星代言、內容推廣、產品植入、二次創作、網絡短片、KOL 等等市場策略不斷推陳出新，目的是讓客戶要在芸芸對手中，選擇你的產品。

市場學上有一套 AIDA 模型，說明了品牌推廣的四個階段，分別是：

Awareness（認知），消費者知道品牌的存在；
Interest（興趣），消費者對品牌產生興趣，希望對品牌加深了解；
Desire（慾望），消費者對品牌產生偏好，在同類產品中佔優先考慮；
Action（行動），消費者的慾望化成行動，購買或試用產品。

情場如商場，大家為了達到目的，雖不至不擇手段，也至少要各出奇謀。繁殖理論注定了男追女，因此我們必須與其他男性競爭。情場上，男性就如商品，女性就如顧客，所以**追女生其實就是男生推廣自己的過程**，而 AIDA 模型亦能派上用場。

突 出 自 己

　　一位才貌出眾的女性，同時被幾位男士追求並不稀奇，再加上「兵」、「契哥」、男閨密等等虎視眈眈，伺機候補上位，你這位後來者可能要面對不下十位對手，你不懂突出自己，可能連她的視線範圍（Awareness）也進入不了。

　　要吸引女性的注意力，手法有很多種，**低手的就是標奇立異**，我有過一位同事，平日和他相處十分正常，但每當和女同事一起吃飯，他便會滔滔不絕地說話，內容都是無聊當有趣的廢話，漸漸女同事們都避免跟他一起吃飯，我認為他行為背後的目的，就是為了吸引女同事的注意，但用錯了方法，結果弄巧反拙。

要吸引注意又不要低俗，
關鍵看你懂不懂女人心。

竊 取 領 袖 的 魅 力

　　一群人之中，為了區分領袖和群眾，我們會為領袖加上一些特徵，例如班長的襟章、足球隊隊長的臂章、會議中坐在長

桌較短一端（俗稱主席位）的人，就是會議內權力最大的人等，基於這些區別，領袖是群眾中最容易被注意的一個。

領袖通常是一個群體中權力最高、支配最多資源的人，亦是最受女性注意的對象。但現實中領袖只屬少數，對我們這些凡夫俗子來說，可能一生都沒有當領袖的機會，那又如何讓心儀的女性注意到我們呢？

成語故事《狐假虎威》中，狐狸巧妙地利用老虎的錯覺，令老虎以為自己才是百獸之王，人生之中，我們也可以利用一些技巧，去「借用」班長的襟章，為自己增添領袖的魅力，從而得到注意。

領 袖 特 質 之 一 ： 出 主 意

一家公司的老闆，要為公司的發展方向出主意；一隊球隊的領隊，要為球隊的比賽策略出主意，可見出主意是領袖特質之一。然而，除了這些大是大非，生活上還有很多瑣碎的事，都要有人來出主意，例如同事們去哪裡吃午飯、朋友去哪裡慶祝生日、甚至瑣碎如吃飯點什麼菜等，都需要人來出主意。讀者們都一定遇過這些情況，而閣下聽得最多的答案，一定是「冇所謂」。

「冇所謂」聽上去就像沒有要求、豁達、平易近人，但實際對當下的情況毫無幫助，這個時候若有人來出個主意，就能

把鬆散的群眾凝聚起來，而出主意的人，自然就是群眾裡最受注意的一位了。

若你喜歡的女性在這個群體當中，不妨多出一些主意，那時你便好像成了群體中的領袖，人有惰性，女性更普遍地有依賴性，你能多出主意，她對你的注意力一定比其他人多。謹記出主意只是為了吸引注意，引起討論，最終你的主意有沒有被採納，並不重要。

領 袖 特 質 之 二 ： 照 顧 群 眾

領袖既是群眾之首，他有領導群眾的權力，自然也有照顧群眾的義務，正如一位將軍，他有指揮將士衝鋒陷陣的權力，同時也有體恤部下的義務。假如你在一個群體當中，任何事情都是自顧自的，雖然客觀上並沒有錯，但閣下在群體中便沒有領袖風範，亦不會得到其他人，包括女生的注意。

照顧群眾會否背負很大責任？為自己帶來很多不必要壓力？其實在一些小事情入手，已經足以令你建立領袖風範，例如當你口渴要買飲料時，順道問同行的人想喝些什麼飲料，你一併去買；吃飯時先夾菜給身邊的人；出電梯時按著開門掣，先讓其他人離開，自己才離開等等。

工作上做這些的都是下人，朋友之間剛好相反，朋友間無分尊卑，你卻有照顧他人的心，因此才顯得大器。

照顧群眾令你可名正言順的跟對象獻殷勤，但不必承擔當「兵」的風險，**因為你獻殷勤的對象不止一人，更不止女性**，當你在照顧群眾的環境下，獲得了對象的注意，以致建立了一定的好感度，那麼對接下來的關係發展，無疑是奠下了良好的基礎。

領 袖 特 質 之 三 ： 主 客 之 別

一個派對之上，由於賓客都是受主人家的邀請而來，因此主人家一定是最受注目的一位，在日常生活上，我們又要怎樣成為「主人家」呢？

有些時候，當我們想跟心儀對象約會時，總會覺得有點難為情，因為你主動的去邀約她，感覺好像有點有備而來，在她未對你有好感的前提下，她會顯得猶豫不決，仿佛是她在考慮，應否「賜」你一個機會，讓你跟她約會，她在意的就給你回覆，不在意的就置之不理。這樣的格局下，她是「主」，你是「客」。

假如換個場景，現在是你已經和另一位朋友約好了，然後再邀約心儀女性一同出席，**不管她來不來，活動都已經敲定了**，這樣格局就起了變化，因為你的邀請是出於禮貌，就像派對的主人家邀請賓客一樣，**你是「主」，她是「客」，她來是錦上添花，即使不來，她亦有責任向主人家回覆一聲**，那就表示，她的注意力又放到你身上了。這種格局下，即使她這次未能赴約，你也不會有被拒絕的感覺，也不會構成下次再邀約的壓力。

貶 損 女 性 ， 反 得 認 同

男性想在女性前突出自己，往往會走好男人路線，希望透過不斷的討好，不斷的獻殷勤，令女性注意自己，甚至喜歡上自己，但現實卻剛好相反，這種人通常只會淪為「兵」。

女性不是不喜歡人家對她好，
而是只想她喜歡的人對她好。

所以，在對女性做出一系列貼心行為前，請先讓她喜歡上你，而喜歡你之前，首先要讓她注意你。很多男性在跟女性接觸時，表現得十分拘謹，規行距步，小心翼翼，生怕做錯事，說錯話令女性留下壞印象，然而，當你如此表現自己時，你給對方留下的印象就只有兩個可能性，一是沒有印象，二是悶蛋印象。

當迷信好男人路線的男人，都堅決要把女生捧為女神時，我卻要告訴你，你要得到女神注意，反而是要把她由「神」變回「人」，甚至反過來，把自己變成她的「神」。

男性在女性面前，除了一般的禮貌和尊重外，其他不需表現得太拘謹，甚至**應該把握機會，適可而止地取笑、貶損、或**

戲弄她們，這些行為目的並非要令她們難堪，而是要令她們失去女神的尊貴，讓她變成和我們一樣的平民，甚至令她們著急地向我們證明自己，獲取我們的認同。

　　例一：有一天，你的一位女同事／女同學，穿了一條紅色的連身裙上班／上學，你可以這樣和她說：

你：「你今日條裙好靚喎，我估你上一次著呢條裙係
　　　年初一。」（暗諷裙子顏色紅得像紅包）

她：「咩呀？我新買㗎，我搵左好耐先有呢個款。」

　　例二：又有一天，你和一班朋友在討論戀愛的事。

她：「我揀男朋友唔一定要靚仔㗎。」

你：「哦……即係要好有錢先得，都話啲港女拜金㗎
　　　啦。」

她：「唔係呀，我意思係要對我好……」

　　例三：又再有一天，你和一位女性搭訕。

你：「你電話幾多號呀？」

她：「唔好意思，我有男朋友，佢會唔鍾意。」

你：「我唔係要攞你男朋友電話呀，你放心啦我唔會
　　　搶走佢㗎。」

她：（哭笑不得）

女神是被塑造出來的，如你對女生必恭必敬，如《愛蓮說》般，只可遠觀而不褻玩的，那就是你把她塑造成女神，同時把自己塑造成「兵」。相反，當你拿女生來開玩笑時，她們的女神光環就被褫奪了。而且，當你如上述例子，故意把一些不合理的東西加在女生身上，她們反而要著力向你解釋，要取得你的認同，那麼，她們的注意力又落在你身上了。

有些好男人認為出於尊重，不應拿女生的外表、衣著、身材等來開玩笑，我認同大部份情況是正確的，但這並非鐵律，**主要看你取笑女生的功力如何。**

開 玩 笑 的 藝 術

跟女生開玩笑，是一個十分重要，但又十分難以掌握的技巧，玩笑不到位沒有趣，過了位又會令人尷尬，那怎樣開玩笑，才能達至引人發笑，但又不傷人的效果呢？

場 合

不同的場合都可以開玩笑，日常社交自不用說，即使是工作場合，也可以透過偶爾開玩笑來緩和氣氛、突出自己。其實絕對不能開玩笑的場合不多，通常都是一些必須十分莊嚴的場合，例如白事、宣誓等（宣誓時開玩笑會被 DQ，這點大家都知道）。

對 象

有些特別嚴肅、拘謹、冷漠、高傲、自卑的女性，亦不是適合開玩笑的對象，一方面她們可能不懂你的玩笑，另一方面她們被取笑後，你可能會因此而得罪／傷害了她們。

關 係

開玩笑的對象跟你是平等關係最好，即朋友、同學、鄰舍之類，相反有從屬或領導關係的人都不適宜開玩笑，因為不管你是跟上級或下級開玩笑，同樣都有機會得罪／傷害對方。

內 容

既然是開玩笑，內容就一定是不認真的，因此，一些太貼近事實的東西不應拿來開玩笑。例如一個很窮的人，如果你拿這個來開玩笑，那就是徹頭徹尾的在羞辱他，當然你也會得到別人注意，但就是神憎鬼厭的一類。

開玩笑的尺度，最容易拿捏的，就是以上三個例子那種，我稱之為 **「刻意製造誤會」形式的開玩笑**。因為誤會是刻意製造的，因此不會犯上太貼近事實的錯（正如例一中的女生，她上一次穿這條裙不是真的在年初一），而這些誤會往往是出人意表的，女生聽後會心微笑，假若你有膽，在玩笑中加入一些貶損她的內容，就更能達至讓她要取得你認同的效果。

Chapter 10:

AIDA模型（二）

接下來，我們繼續探討 AIDA 模型中，興趣（Interest）的部份，男人怎樣能提升女性對自己的興趣呢？

不管是否為了追女仔，男性都嚮往自己受女性歡迎，這是受男性的基因影響，我們都享受英雄感，分別是有些人做得到，有些人做不到，有些人勇於承認，又有些人難於啟齒而已，撫心自問，哪個男人不想當個碧咸或丹爺（Dan Bilzerian）？

敢於面對自己，也是男子氣慨。

假如閣下矢志要做一個萬人迷，閣下必須具備各項驕人條件，先天性的可能已經佔了一半以上，後天的也許又要經歷地獄式的磨練，這些太「離地」的情況並非本書的探討重點，**我們的目標是吸引心儀對象的青睞，又或者在未有心儀對象時，在女性圈子中突出自己，增加選擇對象的機會。**

Show off 男，追女難

前文提及，「吸女仔」，即在女性面前展示男性吸引力，比傳統的討好女生，即「追女仔」，更容易令閣下抱得美人歸。

但縱使你十八般武藝樣樣精，也不會在對象面前一下子完全表露出來，所以真正的問題是，**怎樣把你的吸引力表現出來**？

我遇過一些男性，不管他們是真的有才華，或自以為很有才華，在初接觸女性時，便急不及待的表現出來。比如某人對紅酒有研究，吃飯時便滔滔不絕的說紅酒的學問；又比如某人對攝影很有興趣，便刻意的在女生面前拿出手機，把自己的作品炫耀一番。這些行為本身並不是錯，但對吸引女生是毫無作用的。

為什麼？首先，**女性不一定對你的興趣感興趣**，男性很多的興趣，例如汽車、鐘錶、音響、電腦、投資、賭博、球類運動等等，多數都不是女性的興趣，說這些無異是對牛彈琴，談了老半天的結果，是**令她知道你對這些興趣很有研究，但她們並不會因此對你發生興趣**，而更壞的結果，是令你在她心目中建立了一個悶蛋形象，你是一個只懂自說自話的人。

也許你會說，如果女性跟我有共同興趣，我們便有共同話題，不就可以建立她對我的好感嗎？這是有可能的，但不一定，因為即使你們有共同興趣，甚至你這方面的造詣比她高很多，她跟你請教，你對她指點，**你們建立的是一種亦師亦友的關係**，如上一章所說，關係定了型，便很難改變，你可能多了一個知音，但不是一個女朋友。

陳 永 仁 的 吸 引 力

一個人真正吸引的，是他的個性，因此要吸引女性，關鍵是你**怎樣塑造自己的個性**。

近 20 年，數香港最出色的電影，非《無間道》莫屬，但如果我要你道出整個劇情細節，也許並不容易，但你一定會對電影中的主角有深刻印象。電影主角之一 —— 陳永仁（梁朝偉飾），他的個性是怎樣塑造出來？

陳永仁在投考警察時，在警校被上司選中，被指派到黑社會做臥底，搜集犯罪證據，一做就是十年，期間他要參與黑社會的不法勾當，但又時刻不忘警察的真正身份，及後上司被殺，他的真正身份無人得知，被迫在正邪之間掙扎求存。

一方面是無惡不作的黑社會份子，另一方面又是疾惡如仇的警察，這就是劇本賦予**陳永仁極端而矛盾的個性**，這種強烈反差，令角色在觀眾心中留下深刻印象，梁朝偉亦憑著演繹這個角色，連奪香港電影金像獎，及金馬獎最佳男主角兩大獎項。

回到現實，我們都不過是凡夫俗子，**唯一能令我們和別人區分的，就是個性**，如果要你數一個朋友中最突出的人，他不一定很富有，外表不一定很漂亮，但他一定是個個性十分鮮明的人，而為什麼他的個性鮮明？當中往往就是有著矛盾的元素。

就算是平凡的我們，也可以透過一些技巧，去塑造自己的個性，令自己變得更加吸引。方法是**在你的個性中，找尋一些矛盾的元素，再把這些元素，不經意的透露出來**。例如閣下的職業是會計師，予人的感覺就是一本正經，事事追求精確無誤，但原來你的興趣是夾 Band，有著狂放不羈的一面；又例如閣下表面是一個粗獷豪邁的大男人，但同時也是一個貓奴，對貓咪寵愛有加，粗獷中見細膩；又以我自己為例，我是一個東奔西跑的推銷員，那裡有客戶我便到那裡去，同時也是一個作家，一坐下來就幾小時沒頭沒腦的寫，兼有動靜兩種元素。

當你的表面和內在出現這種反差時，你的**個性便顯得有層次，反差越強烈，層次越豐富，別人的好奇心便越大**，想了解真正的你是個怎樣的人。而好奇心和吸引力，其實就是一個硬幣的兩面，**你對我的好奇心，不就是我對你的吸引力嗎**？順帶一提，這樣塑造出來的個性，不論對男女都有吸引力，而女性的好奇心（或通俗點形容為「八卦」），是比男性強的，否則那些以女性讀者為目標的娛樂雜誌，也不會歷久不衰。

但萬一我就是一個表裡如一，貫徹始終的人怎麼辦？首先矛盾是**一般人感覺上矛盾，事情本身不一定矛盾**，大男人是貓奴很矛盾嗎？只是一般人都意想不到罷了，這些讓人意想不到的特質，每個人都有，甚至可能不止兩種，需要你的耐心發掘。其次，個性跟你的經歷有關，若你的人生只有上班下班，吃飯睡覺，如此枯燥的生活，個性當然比較單調一點，所以在找伴

侶前，你應該做的是先豐富自己的生活，還是那句老話，be a better man!

承上一章所述，這些個性特質，就是內在的你，你只需讓別人知道一點點，透露得太多反而失去了神秘感，古語說：「逢人且說三分話，未可全拋一片心」，是一種很有智慧的處世哲學。

一 幀 照 片

朋友間訴說感情事時，時常聽到以下對話：

「你都未了解清楚佢，點知自己唔會鍾意佢呢？你應該同佢去吓街食吓飯先，了解吓，或者你會發覺佢有好多優點呢。」

這種先了解、後喜歡的次序，聽上去很有邏輯，但其實是本末倒置，因為**正確次序是先喜歡、後了解**。

不單止愛情，任何事都是先喜歡、後了解，試問世上各種事物和學問，加起來何止千百萬種？請問閣下以什麼準則，去篩選哪一種去了解？當然是你感興趣的那種，感興趣就是喜歡了。你認為一個人，會因為看見一幀拍得很好的照片，很有興趣知道它是怎樣拍的，然後開始了解相機的操作原理，以及攝影技巧，然後成為攝影發燒友，還是因為他看了很多遍相機操

作說明書，很了解相機的操作後，再喜歡上攝影？**喜不喜歡是感性的事，了不了解是理性的事，而大家都知道，人是被感性主導的。**

閣下不經意透露出來的，一點點的性格特質，就好比例子中的那幀照片，它是一個誘餌，當你把那「一點點」塑造得夠吸引，讓別人產生興趣，就會有好奇心去了解你更多。即使是拍拖後才開始了解，也並不罕見，當然了解過後有機會發現不適合而分開，也就是常說的「因誤會而結合，因了解而分開」，但這是相處部份的事，暫且在追求階段按下不表。

做 自 己 最 好

塑造吸引的個性，是在個性中精選一些有趣的部份展示出來，那是你的一部份，但有些時候，男性會迷失。男性普遍遲熟，少年時的我們，個性還沒有建立起來，即使長大後，或許由於太著急於找伴侶，為了吸引別人注意，便模仿那些好像很吸引的男性，模仿他們的衣著、說話、舉止，**期望把他們的吸引力複製到自己身上，結果畫虎不成反類犬**，把一些和自己格格不入的東西硬往身上搬，既模仿不了他人，又埋沒了自己的個性。

每個人都是獨一無二的，不管是多平凡或多出眾的人，你做不了他，他也做不了你。假如只懂模仿別人，我們**著眼的不**

是事情有沒有做好，而是模仿得像不像，做起事來只會畏首畏尾，試問如何散發自信魅力？只有忠於自己，挺起胸膛，發掘自己最優秀的一面，任何人都有條件成為魅力型男。

以下說一個關於成龍的故事，去引證做自己最好的觀點。

成 龍 的 故 事

1973 年 7 月 20 日，一代功夫巨星李小龍逝世，他的影迷固然傷痛，隨之而來的，是港產功夫片市場的低迷，觀眾不能接受沒有李小龍的功夫片。幾年之後，當觀眾慢慢接受李小龍離去的事實，電影公司便重新瞄準功夫片，這個空白了幾年的巨大市場。

電影公司積極籌備新作品，其中物色主角人選，是最關鍵的任務。最後電影公司決定，要找成龍來當電影男主角，當時他只是一個沒沒無名的小人物，演出過幾部電影的小角色，和擔任龍虎武師而已。成龍收到通知後高興不已，立刻由澳洲返港，投入電影工作。

後來成龍拍了《新精武門》等幾部功夫片，可惜票房慘淡，電影公司思前想後，為什麼像成龍這般功夫了得、身手敏捷的演員，他拍的功夫片會沒人看呢？就在大家懷疑之際，一個改變成龍命運的人，來到他的面前。

著名電影人吳思遠，一天來到成龍面前，問他假如有機會，給他執導一套功夫片，他會怎麼拍？成龍聽到吳思遠的提問，就如龍神號呼喚飛雲一般，他知道機會來了，一於把多年來的心底話，向吳思遠娓娓道來。

李 小 龍 2 . 0

成龍的想法是，電影公司現在期望的，是要打造一個「李小龍2.0」，但李小龍在觀眾心裡已經是個神話，他怎麼做也代替不了。與其這樣，為什麼不改變策略，去開創一種新的、屬於成龍的功夫片呢？

李小龍戲內外都是大英雄，而成龍則是個小人物，為什麼不能讓成龍做回自己，把功夫片主角設定為小人物呢？李小龍是打不死的，成龍是打得死的，除此之外還會痛，還會失敗，還會出洋相，為什麼？因為成龍就是普羅大眾，就是每天都會遇見的小人物，他跟你和我都沒有分別。同時，為配合李小龍的英雄形象，他的電影主題和情節，都離不開復仇、廝殺、民族大義等；相反成龍可以扮演任何一個社會小人物，電影主題自然更多更廣了。

聽畢成龍的一番肺腑之言，吳思遠大喜過望，因為他此行的目的，是要為新電影找男主角，雖然電影公司屬意成龍，但畢竟過去他的票房成績太差，作為監製的吳思遠，便前來試試

成龍的斤兩，誰知成龍所說的，跟電影的構思不謀而合，那就是成龍的成名之作《蛇形刁手》。

及後成龍憑著獨有的風格，成功開闢了功夫喜劇的新片種，紅遍國際，2016 年更獲奧斯卡金像獎頒發終身成就獎。

> 隨波逐流或忠於自己，
> 是個人選擇。

一個人做自己才是最自然、最自信，但忠於自己的本性，並不代表要放任自己的缺點，例如一個文靜的人，想模仿一個外向的人，他是在**勉強自己變成另一個人，這就是俗語說的「扮嘢」**，反而不討好；但如果一個人說話粗鄙，讓人不安，就不應以忠於本性為藉口，應注意改善了。

Chapter 11:

AIDA模型（三）

在一連串的結識、相處和吸引之後，你跟對象的關係，已經達至比朋友多一點點，大家都開始想像，眼前人和自己未來的各種可能性，那就是所謂「友達以上，戀人未滿」的狀態，也就是進入了 AIDA 模型中的第三階段，慾望（Desire）。

《戀人未滿》容祖兒

如果過去所做的一切是撒種、澆水的話，這種狀態，就好比你們的愛情種子終於萌芽，綻放出生命力來了，但不要高興得太早，因為現在正正是感情最脆弱的時候，稍一不慎，這得來不易的小荳芽將毀於一旦。因此，你要做的並不是急於收割成果，而是要小心翼翼地，讓這棵小荳芽茁壯成長。

理性為王

當一位女生跟你格外投緣時，你會猜她是不是喜歡上自己，但也有可能是你自己自作多情，在胡思亂想下，你會作出一些不正常的行為，包括：

- 發短訊說一些無意義的話，如：你今日有冇搵過我？
- 和她一起的場合，時常不經意的偷望對方，想知道她在做什麼
- 對她說的話、做的事特別在意
- 有關自己的事，無論大小，都想和她分享
- 時刻留意她在各個社交平台上的發帖、動態等
- 當她和其他男生接觸時，心中會有酸溜溜的感覺
- 她開心、苦惱、沮喪、悲傷、憤怒等，也會牽動你的情緒

這些現象都證明了，你已喜歡上她，但請謹記，這一切目前都是你自己在「發花癡」，你並未肯定對方是否也喜歡上你，若你任由自己做出這些不正常的事，結果就如之前所說，你將一手摧毀一段潛在的好姻緣。原因是**女性是否接受一個男性，比男性是否接受一個女性，所做的決定是艱難，及漫長得多**，既然難得和她有了個好開始，就讓子彈飛一會吧。

這個時候的你**必須保持理性**，保持理性，保持理性，因為只有理性，才能讓你在這段萌芽的關係中，作出合適的行為，甚至主導這段關係。也許你會問，談戀愛還那麼理性，不會很矛盾嗎？讓我提醒你，你現在還未談戀愛，你只在追求女生的過程中，**你當然只會追求你喜歡的女生，但追不追得到，不是取決於你有多喜歡，而是你有沒有用對策略。**

在這一階段的男生，心理質素必須非常的強，而強的意思，就是要**抱著一種「無所謂」的心態**，即你不介意探索和她發展，但也不是非要追到她不可，那你便進可攻、退可守，立於不敗之地，而亦只有抱著這種心態，才能保持理性。

策 略 性 調 情

要女生和你之間，由朋友演進至情侶；由好感昇華為愛慕，當中需要男性主導，把彼此關係的溫度提升，箇中方法，簡單來說就是兩個字：調情。

情侶之間會調情，但不是情侶也能調情，而**後者就是把一些情侶的行為、或感覺，帶進一個還是朋友關係的女生身上，讓女生感覺上和你是情侶關係。**

我會把調情的方法歸納成以下各點：

調 情 的 說 話

調情的說話，不一定是情情塔塔，你可以對她**作出一些比朋友多一點的關心**，如你知道她生病了，可以在適當時間提醒她吃藥。女性生病時，不管身體和心靈都份外脆弱，希望得到別人的關懷和照顧，某程度上是你「乘虛而入」的好時機，**千萬不要以命令的方式去表達**，這樣只會令她在脆弱時多添一份壓力，令她覺得自己更加可憐。

又例如，你知道她因事夜歸，便應該關心她是否平安到家，記著**你不是要她向你報告行蹤，而是讓她知道你在意她夜歸，**你可以給她發個信息，說：「夜晚去街要小心，番到屋企話聲我知，免我擔心。」就這麼一個信息就已經足夠了，太多的關心會變成囉嗦，如果她有把你放在心上，她不會忘記回家後給你報平安。

即使沒有特別的事情發生，你也可**和女生打情罵俏，說一些肉麻當有趣的話**，例如：

1. 「我今日執嘢，發現自己個心唔見咗，原來去咗你度，你幾時先還番俾我？」

2. 男：「請問你跑得快唔快架？」
   女：「唔快，咩事？」
   男：「咁就好，即係話你好易追。」

3. 「我懷疑自己隻眼有病，成日控制唔到佢要望住你。」

這些話很老套對不對？不必介懷，女性就是受這一套，送花老不老套？但普天下女性都喜歡收花，這是天性。

當你說過這些話後，**如果她的回應是「痴線」、「無聊」的話，請不要灰心，因為女性總是口是心非，這些才是正面訊**

號，即使沒有回應，也可能是出於害羞。但如果她的回應是「謝謝」、「有心」這些比較客套的話，你們的關係可能就沒有進展得那麼快了。

請參考電影《逃學威龍》中，周星星（周星馳飾演）用傳呼機寫情信給 Miss Ho（張敏飾演）後，被 Miss Ho 罵他無聊那段情節。

調 情 的 行 為

除了說話，你還可以透過一些行為，和女生調情，例如早上買早餐時順道給她多買一份，讓她知道你了解她的口味，但和上述的情況一樣，這些行為不必每天做，否則你便把自己定位成「外賣仔」，只要隨心做就足夠了。

還有一些調情的行為，是含蓄而有效的，例如你送一本書給女生，這本書可以是你愛看的，也可以是她愛看的，而你在這本書的第一頁上，寫上一些字句，這些字句最好是你原創的，亦可以是引用自其他人的，內容要顯示出一些深度。經你「提字」後，它便成為了世上獨一無二的書，成為了你們之間的信物。還記得我們提及過，女生喜歡以感覺代替思考嗎？你**為這本書賦予了一重新的意義**，觸動了女生感性的神經，達到調情的效果。

以下有一些金句例子，你可以根據書本的主題，隨便引用。

哲學金句

理財金句

愛情金句

勵志金句

旅遊金句

調 情 的 接 觸

人類學家 Edward Hall 指出，人與人之間有四種距離，分別是：

1. Public distance 公眾距離，可以達到 360cm 之遠。
2. Social distance 社交距離，大概由 120cm 到 360cm。
3. Personal distance 個人距離，是由 45cm 到 120cm。
4. Intimate distance 親密距離，由 45cm 到零距離。

首兩種距離不在本書討論之列，因此略過。個人距離屬於伸手可及的距離，因此當我們想表示親切、信任時，往往會以握手、擊掌、拍肩來表示，但要達至調情目的，就必須突破個人距離，**進入女生的親密距離，利用這種親密的感覺，反過來影響她，讓她動情。**

但目前你和女生仍然是朋友關係，貿然進入她的親密距離，只會適得其反，這裡我建議一招，可以令你輕鬆地踏進女生的親密距離，而又不會讓她反感。

和女生相處的時候，找個只有你跟她二人的機會，藉故說她頭髮亂了，又或者她頭髮上黏上了東西，記著這只是一個藉口，事實有沒有不重要，然後不需得她同意，就伸手去撥弄她的前額頭髮幾下，由於你要看清楚她的頭髮，你跟她必須要很接近，這樣就順理成章突破了她的親密距離，裝模作樣一會後，她還會覺得你很細心。

梳理毛髮，在動物世界中也是親密的表現。

　　不管閣下如何運用以上各種方法跟女生調情，謹記不能常用、多用。這個階段，你跟女生互動的策略就是八字真言：**忽冷忽熱，欲擒先縱**。你跟女生調情了幾天，就要策略性冷落她幾天，這樣她才不會把你的好看作習慣，看作必然，看作義務。你冷落她幾天，她便會想念你的好，更會好奇地想為什麼會有這種變化，是不是自己太被動了？發出了錯誤信息，讓你放棄甚至轉移目標了？這時女生甚至會反過來試探你，想知道你是不是真的對她有意思，當女生有了這種想法，她已經飛不出你的手掌心。這時**你不需急於表態，而且立場越朦朧越好**，越朦朧她的猜測心理越多，她就更加肯定自己已經愛上了你。

　　到了這個階段，你們的愛情種子已經茁壯地成長，接下來你唯一要做的，就是決定何時收割，享受甜美的愛情果實。

曖昧

　　任何一個有戀愛經驗的人都會告訴你，曖昧是最刺激，最令人回味，最教人挖心掏肺的。大家互相好奇，又互相猜測，

關係驟明驟陰，同時又竊取著那份朦朧帶來的神秘感、新鮮感。縱使一段愛情以最爛的方式結束，其曖昧的過程都是美麗的。

　　然而，以上所說都是以男性角度而言，因為男性往往都是曖昧的得益者，女性對曖昧的忍耐程度，是遠較男性低的。**當曖昧關係維持得太長，女性會疲累，**因為她們不斷付出，卻沒有應得的回報，假如你真心想和她發展，就不應把自己的快樂，建築在她的痛苦上，適當時候就應該和她確認關係。需知道，我從一開始，就是希望你成為一位有品位的男人，手段和技巧只是突出品位的方法。

楊丞琳《曖昧》

最 後 階 段

　　行動（Action）是 AIDA 模型中的最後階段，是經過許多默默耕耘後，獲取收成的時刻，也就是把一位女生，變成你的女朋友。

表白就是向喜歡的女生表明心跡，表白是浪漫的，我聽過最浪漫的表白，是一位在飲品公司工作的男生，在他喜歡的女生生日那天，為她送上一百瓶當天生產的飲品，瓶子上的出廠日期，就是女生那一年的生日。男生把飲品送到女生家門口，女生開門見到如此情形，加上男生的深情表白，女生感動不已，欣然接受他的愛意，一段大好姻緣由此誕生。而這個出廠日期，就成為他們的拍拖紀念日。

據說這位女生接下來，天天都喝這種飲品，連續喝了幾個月。其他人可能會覺得膩。但每當女生打開新的一瓶，都讓她回味著生日當天的浪漫，喝下的每一口都甜在心頭，愛情就是這樣不講理。

在聽過如此浪漫的表白故事後，很抱歉我必須在這裡來個反高潮，表白雖然浪漫，但本身並沒有任何實際意義，說得再直白一點，就是：**喜歡你的，不用表白；不喜歡你的，表白也是徒然。**

從以上用飲品表白的例子可見，女生早已芳心暗許，**男生的浪漫表白，只是為這段關係的開始，留下了一個深刻的記號**，可以想像男生即使不做這場「大龍鳳」，改為開宗明義的向女生說一句：「你願意做我女朋友嗎？」，女生還是會點頭答應的，因此表白只是一種形式，**只有在確定女生喜歡你後，表白才有意義。**

愛情不同商業關係，大家不需要一紙合約，或口頭承諾來確認關係。愛情是一種感覺，而情侶是一種客觀事實，一對男女，雙方有拖手、有接吻、甚至有性關係，他們就是客觀事實上的情侶，跟男生表不表白沒有關係。有些男生不知受了什麼薰陶，當遇上心儀的女生，便日思夜想該如何表白，他們仿佛認為，只要構思到最浪漫的表白橋段，就能令一位本來沒有喜歡他的女生，變成喜歡他。然而，**表白就好比你翻開底牌跟人家玩 show hand**，讓人家完全掌握你的底細，任憑對方發落，你便處於十分被動的局面。**底牌不一定要開，但當你決定翻開那刻，你對這局牌，該有最起碼的取勝信心**，而不是單靠運氣，對嗎？

即使風流如唐伯虎，不懂拿捏表白的時機，結果也是失敗。

總結一句，表白的重點不在內容，而在時機。但有些時候即使時機不對，在沒有選擇之下，也只有以表白來「搏一鋪」，例如當你的對象，出現了另一位追求者，而她在你們二人之間舉棋不定，你就只有用表白來顯示誠意。又或者，你和對象因事要分開一段時間，表白是要令她在離開前，期望留不住她的人，也留住她的心。

Chapter 12 :

新鮮與保鮮

坊間許多給男性閱讀的所謂「溝女書」，重點都集中在追女生的過程上，而**忽略了相處的重要**。這現象是市場需求所致，但所指的並非想學習追女技巧的男生，比想學習和女朋友相處技巧的人多，而是前者對學習的慾望更強烈，因為求不得是最痛苦的，因此他們花錢在這方面的動機更大，你看網上交友、Speed Dating、配對公司、甚至追女課程等生意長做長有，不難印證我以上所說。反過來，如果現在有個「男女相處之道拔尖班」，我也不相信有多少人報讀。

然而，沒有市場，是否等如不重要，甚至沒有學習價值呢？

追求和相處，可以說是完全兩碼子的事，因為**在追求過程中的女生，跟拍拖時的女生，是兩種完全不同心態**，甚至正在追求女生的你，跟拍拖的你，也是判若兩人，因此，如果你認為你懂得追求女生，就等如懂得和女生相處，甚至等如已經很了解女性，那你就大錯特錯了。

創業容易守業難，
追女容易湊女難。

閣下終於抱得美人歸，你們由「熟人」開始，最後發展成為男女朋友，一路走來說易不易，說難不難，為什麼說不易？你看這本書都過了一大半，都是在說男女之別、追女之道就應該明白，愛情的火花不是那麼容易就擦出來。但又為什麼說不難？因為當你真正和女生拍拖後，才會明白，你接下來所面對的挑戰，比過去的艱巨得多。

在描述男女關係上，最幽默又最到位的，要算香港的棟篤笑鼻祖黃子華，在他 1999 年的《拾下拾下拾年棟篤笑》中，有一段關於愛情的分析，內容讓人拍案叫絕，我將之撮要如下：

「男性同女性，對愛情最大嘅分別係乜嘢？男人喺愛情入面，最大嘅要求就係 —— 新鮮！而女人對愛情最大嘅要求就係 —— 保鮮！我解釋清楚啲，男人對愛情，就係要不停搵一啲新鮮嘅對象；而女人就不停要求同一個對象，保持新鮮。」

「新鮮」和「保鮮」的概念，正正道出男女在愛情上的分歧，亦回應了我剛才說的，為什麼在你追到她以後，真正的挑戰才剛剛開始。

熱 戀 期

　　一段愛情剛開始時，馬上便會進入被稱為「熱戀期」的階段，男女雙方此時都陶醉在愛情的浪漫中，具體表現如見面的時間再多都嫌不夠；日夕相處還有聊不完的話題；剛約會完了，各自回家後又再開始想念對方，要多聊兩個小時電話才能解相思之苦；在擠迫的車廂內旁若無人地接吻等；熱戀中的男女，簡言之就是戀愛大過天。

Twins《戀愛大過天》

　　黃子華在表演中提及的「鐵達尼極限」，說男生對女生的「新鮮期」只有三天，其所指的大概就是熱戀期，當然說三天是為了製造現場氣氛，熱戀期的長度，也有一些科學數據作參考的。

戀愛時人體內會分泌一種叫苯乙胺醇（PEA）的物質，PEA 會刺激腦袋和中樞神經，使人心情愉快、心跳加速、瞳孔放大、散發吸引異性的體味等等，所以**戀愛說穿了就是一種人體化學反應**，然而任何化學反應都有期限的，PEA 的有效反應期不多於兩年，因此可以推論，**熱戀期的時間不會多於兩年**。

　　據我的經驗和觀察，**真正能維持熱戀兩年的男女，現今社會已經非常少，多數在一年左右就開始走下坡了，而且通常是男性先走下坡**，一來因為社會上引誘太多，不單是來自其他異性的引誘，還有玩樂、興趣、豬朋狗友的引誘，都會令男性漸漸對愛情減少投入感；二來當一年過去後，你跟她的多個第一次，包括生日、情人節、聖誕節、元旦、農曆新年、拍拖紀念日都經歷過了，新鮮感已經減退。第二年又重新開始循環一次，男生由當初每次的悉心準備，變成後來的例行工事，女性看在眼裡，就知道要為男朋友「保鮮」了。

貪 新 鮮 的 天 性

　　男性，受基因影響，都是好色、多情和貪新忘舊的，因此才會不斷尋找新鮮的對象。雖然如此，不同男人也有不同方法，去面對和處理這種本性。道德感較強的男性，能自我抑制，會恪守「夫道」，無論如何都不會做出對不起伴侶的事，大不了感情真的淡了，就分手再找個新的對象；道德感弱的，他們會比較放縱天性，到處拈花惹草，尋找新鮮的對象。情況等如貪

念是天性，但不同的人，在自律性或禮節感上的差別，在控制貪念上有不同的結果。

2014年12月24日，一輛解款車去押送總值兩億元的鈔票，行經灣仔時，解款車門忽然打開，三個錢箱被拋出車外，其中兩個錢箱封條受損，以致錢箱被打開，箱內一磚磚的鈔票跌出馬路，一些原本紮好的鈔票更隨風飄揚，但解款車司機未有察覺，繼續行駛。

及後部份經過該處車輛的司機及乘客，和途經的市民，紛紛到該處執錢，以為神不知鬼不覺，但其實附近的「天眼」早已拍下他們的容貌。雖然最後在警方呼籲下，不少人主動歸還失款，但亦能以此證明，當一些自律性較弱的人遇上誘惑時，會無法控制自己的慾望。

保 鮮 的 天 性

女性也是貪新鮮的，但跟男性不一樣，女性不會不斷尋找新鮮對象，而是要求同一對象保持新鮮狀態，這種思想其實是違反常理的，怎麼可能有人對同一事物一直保持新鮮感？女生可以對一雙穿了三年的高跟鞋，保持著第一次穿著時的新鮮感嗎？然而，這既是事實，我們也改變不了，男性要做的，是去理解這種不合理背後隱藏著的大道理。

任何關係，最重要的是理解，並非埋怨。

女性為男性動了真情後，她們會忠於這個對象，因為擁有一個穩定的伴侶，才符合女性追求安全感的天性，所以向來女性出軌的比率都比男性低，這對男性應該是好消息。但是同樣地，女性為了追求安全感，她們會**期望男性一直照顧、呵護、寵愛她們**。男性在熱戀期，可以輕易的做到這些要求，但過後就很難說了，**所以所謂的「保鮮」，就是女性要男性做回熱戀期的自己。**

因此，從期望管理（expectation management）角度出發，男性就算多麼陶醉在熱戀期之中，也不要把所有浪漫手段一次過展示出來，否則熱戀期過後，你的表現落差太大，女性期望你做回當時的自己，若你勉強去做，則疲於奔命；若你置之不理，又把關係弄壞了。例如熱戀期的你，跟女朋友情話綿綿，習慣每天跟她聊三小時電話，熱戀期後，話題少了，你只跟她聊一小時，她便會感到被「冷待」了，即使你勉強每天聊三小時，沒有內容的聊天，也不會消除她被冷待的感覺，但你真的不跟她聊三小時，就令她更加肯定被冷待，更會認為你「不新鮮」，要為你「保鮮」了。

假如你在熱戀期時，把聊電話的時間控制在一小時，即使很想找對方，也寧可把聯絡的次數增加，也不一定要一次的聊很久，那麼往後即使你只跟她聊半小時或 45 分鐘，期望上落差也不是太大，熱戀的感覺反而更長久。

自 私 的 愛 情

由新鮮和保鮮理論引申，可進一步理解男女在愛情上的自私基因，男性和女性，在愛情上都是自私的，分別在於他們對自私的不同演繹。

男性貪新鮮，是因為他希望透過和不同女性的交往，享受征服女性的滿足感，但請注意，他要滿足的是自己，而不是對方，所以，男性在愛情中的自私，就是**男性由始至終，最愛的人都是自己**，也許你會問：的確有些男人是很愛他的另一半，甚至願意為她犧牲，那又怎樣解釋？

答案很簡單，就是男人把她的女人，成為了他「私有產權」的一部份，他為這個女人付出，等如為自己付出，情況好比男人很愛惜他的汽車，因為汽車已經是他的私有產權，愛惜它等如愛惜自己。不信？那為什麼男人可以把自己出軌，用什麼逢場作戲、有性無愛等理由來解釋，但假如女性出軌，她的男人會接受這些理由嗎？如果不接受，那不是自私是什麼？

我並沒有刻意物化女性，但在男性眼中，**女性確是一種資源，那是天性。**

女性要為男性保鮮，是因為她必須肯定這個男人只有她一個伴侶，女性在愛情上的自私，是她**即使做不了你的第一，也要做你的唯一。**

你不難發現，女性對男性的容忍度是很高的，她們可以容忍（或接受）一個窮、醜、矮、肥，甚至罵她、打她、花她們錢的男人，但只要這個男人在街上，偷瞄了另一位女性一眼，而又被女朋友發現，就已經是十惡不赦的罪行，更遑論給她發現了出軌，足以釀成世界大戰。在女性角度，她最希望是做你人生第一個，最後一個，也就是唯一一個的女人，但現實很難做到，所以做唯一，已經是她的最大妥協，這是她不能再退讓的底線了。

《原來你什麼都不要》張惠妹

Chapter 13:

新鮮與保鮮（二）

新鮮和保鮮的概念，還有其他值得探討的內容，我們在本章繼續。

這裡要探討的，是跟天下男性性命攸關的題目，了解這個題目，不但有助於改善男女相處，在危急關頭，更有可能救你一命。

這個題目就是：女性發脾氣的前因後果。

有一個在 Facebook 十分流行的專頁，名字叫「十萬個激嬲女友的理由」，專頁以幽默方式，訴說各式各樣，男生在無意甚至有意下，令女朋友生氣的理由，配以電影截圖，和文字互相呼應，男生看後總是會心微笑。專頁甫推出即大受歡迎，粉絲人數更是直線上升。

「十萬個激嬲女友的理由」Facebook 專頁

大家不要誤會，我和此專頁並無任何關係，我之所以介紹它，是希望讀者們明白，女生發脾氣的理由是層出不窮，但請不要被你所看見的東西誤導，看穿女性的本質，你就會知道，女生發脾氣，理由還是那一個——保鮮。

發 脾 氣 為 保 鮮 ？

女性會怎樣以發脾氣來「保鮮」呢？概括來說就是三道板斧：**不瞅不睬、口是心非、蠻不講理。**

三道板斧亦可說互為因果，女朋友發脾氣時對你不瞅不睬，你不知自己做錯了什麼，向她問個究竟。此時她口是心非的給你答案，而你又信以為真時，女性就更加不高興了，這時她們不會再容忍，要把內心的鬱悶發洩出來，發洩方式因人而異，由破口大罵，到拋擲東西，再到肢體碰撞都有機會發生，而且耐力深不可測。然後你莫名其妙，為什麼明明照著她的說法去做，卻弄得如斯下場，最後的結論是：女性蠻不講理。

我曾聽說一位太太，因為討論電視劇劇情，跟她老公意見不合，竟發了兩星期的脾氣，**兩個星期內，太太沒有跟老公說過一句話，不可思議。**

三道板斧的發生次序不重要，哪個是因哪個是果都不重要，我亦不是為了貶損女性才寫這麼多，在實用主義角度，問題出

現時，我們要做的不是埋怨，而是了解問題的原因，再針對性去解決，因此，女性既然本性如此，而閣下又抗拒不了美色，就要試著去面對和處理她們。

說到底女性都是想你證明，你是重視她、愛護她的（保鮮），當然她們不會直接說出來，因為說出來才做，就不能證明你是發自內心了，因此她們要用發脾氣來表達，讓你注意和理解她們的訴求。就像病源和病徵的關係，**保鮮是病源，發脾氣是病徵而已，而醫病當然要往病源去醫。**

因此，女性發脾氣時，**千萬不要跟她講道理，除非你想把小風波升級至龍捲風。** 不管表面看似是為著什麼，那都是一個借題發揮的藉口，你不需要理會，或先不要理會這個藉口，並讓她知道（或認為）你從來都沒有「不新鮮」，待她心情好起來後，那個問題可能已經不是問題，或可以慢慢商討來解決。

跟女性和小孩相處，都是離不開一個原則：先處理心情，再處理事情。

然而這些都是解決燃眉之急，所謂預防勝於治療，男性想有好日子過，就要在平日多下工夫，如果由女性出手才把感情

保鮮，那麼就好像只有女性為感情付出，男性只是被要求做這做那，這樣的感情當然不健康，亦難以長久。

男人也要保鮮，但我所指的不是為自己，或為伴侶保鮮，而是為這段感情保鮮。**生理上我們回不去熱戀期，但我們還是可以讓這段感情，維持適當的溫度**。生日節日，即使沒有悉心安排的驚喜，也至少在餐廳預訂好座位，和她二人世界一番，讓她知道你是記得，是在意的；不必日日說我愛你，但也偶然說一下，事實上偶然說比日日說效果更好；多牽著她的手，陪她聊天，發信息關心她；要看街上的美女，就在她沒注意時看；性交後不要倒頭大睡，做些「後戲」，聊聊天再抱著她入睡。其實保鮮說就是這麼簡單，只是男性懶惰，又不懂女人心，才會製造那麼多問題。

有些男性，礙於自尊心，為著保持男性的強悍形象，總是無法做出一些甜蜜，或以至肉麻的行為，例如用暱稱去稱呼她（如 BB、豬豬等），誠然這些行為是有點難為情，但如果在只有你們二人的場合，我建議男性可以試著習慣，因為如果你願意這樣做，將會為你減少許多許多煩惱。

不論男女，請不要奢望有永遠熱熾的愛情，你能想像一對情侶，相處十年後，見面時還會面紅耳熱，心如鹿撞，情話綿綿嗎？長廂斯守的情侶，他們的愛情其實轉化成了感情，甚至結婚後再轉化成親情，這些情感雖沒有愛情那一刹那的火花，但卻是歷久常新，這就是真正的保鮮。

公 主 病

當女性發脾氣成了習慣，甚至發脾氣的次數越來越多，程度越來越強，就有機會演變成公主病，而**患有公主病的女性還有一項特徵，就是她們有一種被害妄想，那是一種由於非常缺乏安全感而導致的現象**，她們對一切都採取懷疑態度，就是不能信任別人，尤其是男朋友，她們假設了男生本來就是壞人，只要稍有鬆懈便會放肆起來。

公主們一方面對男朋友有異常的「關心」，例如每當有電話來電、訊息都必定查問一番，另外一方面她們也要求男朋友噓寒問暖、無微不至，只要稍有差池，她們便會得出「他不愛我」的結論，繼而大發雷霆。

這種「保鮮」行為，在我而言是難以接受的，因為人際關係之中最重要是信任，情侶之間尤甚，假如事事猜疑，關係是很難維持下去的。假如閣下真的選擇了一位公主病女性，而又十分重視這段關係，唯一之法就是盡你最大的努力，去滿足她深不可測的安全感。

《公主病》周杰倫

男 人 的 脾 氣

　　男人也是人，也有情緒，當然也會發脾氣。而在情侶關係中，男生發脾氣的原因和女生完全相反，他發脾氣不是為了得到注視，而是因為他真的感到不滿，在生氣或焦躁下，以發脾氣來宣洩情緒。我必須提醒大家，作為男人，千萬不要輕易發脾氣，因為不同於女性，男人發脾氣，非但不會得到別人愛護，相反只會顯得幼稚，若你尚在年輕階段，或許還有權利任性，偶爾發發脾氣；但成長過後仍然不懂得控制，再好的女生都會被你嚇怕。

　　要學懂收斂自己的脾氣，用理智主導情緒，這樣才是一個有品位、有修養的男人。

　　女性發脾氣需要體諒，而男性則要自我約束，在發脾氣這事情上，男女的待遇好像很不公平，我給予閣下的答案是：對，男女真的很不公平，請接受現實。

珍 惜 她 的 脾 氣

　　話說回頭，男性也不必視女朋友發脾氣為洪水猛獸，因為發脾氣，甚至吵架，也是溝通的一種，就像生病一樣，一個從不生病的人不一定健康，因為他身上會欠缺某種抗體，當他一生病時便一發不可收拾。

因此，發脾氣也有它某程度上的積極意義，它提供了一個空間，把一些抑壓了的情緒，和埋藏在心底裡的說話釋放出來，讓對方了解內在的那個自我。在日常生活中，面對工作和社會的壓力，我們迫不得已把自己真實的一面隱藏起來，在面對最親近的人時，我們才能做回自己。因此我們都會發現，**承受我們最多情緒、最多脾氣的人，都是和我們最親近的人**，在家裡就是父母和兄弟姊妹，在外的就是親密的另一半，因為我們都知道，或期望，他們是能夠理解我們的人，其他人面對你的情緒和脾氣，可能二話不說便一走了之，但作為最親密的人，他們會給予我們包容和理解。

有些相處了很久的情侶，以至老夫老妻，每天過著十年如一日的生活，不要說吵架，連話都沒多講兩句，大家即使相處同一屋簷下，卻又同床異夢，這是一朝一夕的嗎？他們可能是吵過很多遍，但對方都不願意為關係改變，又或者根本沒有吵過，把一切都放在心裡，不管如何，**他們都是截斷了溝通的橋樑**，大家互相不知道對方的思想，除非他們能永遠容忍下去，否則當一方去到極限時，可能連一句話都不拋下就乾脆抽身，那時想補救也太遲了。

客觀的事我們改變不了，能改變的只是我們主觀的看法，若男生只懂埋怨女生發脾氣，而不去理解她們發脾氣的道理，男生永遠不能和女生好好相處，結果就永遠不能嚐到愛情甜美的果實。**當女性不再向你發脾氣時，代表她對你已經沒有期望，已經死心**，她不再在意你是否愛她，那是你想要的結果嗎？

Chapter 14:

誘惑出現了

童 話 式 愛 情

　　童話故事中的愛情，我會形容為「一勞永逸」的愛情。例如其中一種常見情節，就是女主角受盡一切苦難後，王子把她從壞人／困境中拯救出來，而女主角和王子走在一起後，幸福快樂地生活下去，只需為女生付出一次，就獲得永遠的幸福，何其快哉？

　　現實生活中，童話故事的情節是不會出現的，首先現實中的王子已經絕無僅有，**全球現在尚有 26 個國家實行君主制**，當中尼泊爾在 2008 年通過廢除君主制，現任國王賈南德拉是最後一任君主，代表不久將來世界上又少了一個君主制國家，只剩下 25 個。隨著王室數量越來越少，王子的「供應」也買少見少，一般人要遇上一個名門正統王子，如大海撈針。

〈維基百科〉——賈南德拉

　　即使有天你的祖墳冒青煙了，讓你遇上了如假包換的王子，又是否代表你能得到幸福呢？

時間回到 1977 年，16 歲的戴安娜，在派對中認識了英國王儲查里斯王子，二人很快便擦出了愛情的火花，雙方愛得熾熱，更在 1981 年 7 月，舉行他們的童話式婚禮。當天戴安娜披著那由名師設計、拖尾達 8 米長的嫁衣，徐徐步入聖保羅大教堂，正式成為世人所愛戴的戴安娜王妃。

婚後戴安娜王妃生下了兩位王子，她和查里斯過著外人眼中神仙眷侶般的生活，可惜在 1992 年，二人正式分居，1996年正式離婚，童話式愛情宣佈破滅。

二人婚姻失敗的導火線，一方面是因為戴安娜與她的王室家人不和，讓她飽受壓力；另一方面就是查里斯王子和舊情人卡米拉糾纏不清的關係，最終導致他們婚姻失敗。

童話從來只存在故事書裡，現實並沒有「一勞永逸」的愛情，反而要不斷付出來維繫，而維繫的過程中，會出現許多許多誘惑，儘管是王子，也逃不過誘惑的挑戰，而最常見的一種誘惑，就是第三者。

第三者的出現，形式不外乎是以下三種：你有第三者、對方有第三者、你成為第三者，我們將一一探討，但在此之前，我們先要為「第三者」下個定義。

我這裡說的第三者，是指一個人，**在有正式承認的伴侶之**

下，與另一人發展感情關係，而第三者亦願意與他／她發展，所以一夜情、購買性服務、性伴侶等純肉體關係，以及只有單方面的感情，並不納入我們的討論範圍。

當 你 有 第 三 者

過去兩章提及，男性在愛情上會不斷追求新鮮的對象，因此，在男性身上出現第三者的機會，的確比女性為高。

男性出現第三者，可能是他本身喜歡拈花惹草，即使已經有女朋友，還是要向外展示雄風；也有可能是他在不同原因下，跟另一位女生互生情愫，並非有意為之，不管原因為何，除非他和正式伴侶關係非常差，否則**男性在面對第三者時，他們總是在妄想一件事，就是能享齊人之福。**

男人三妻四妾並不限於古代，中國在 1950 年規定一夫多妻制不合法，而在香港，甚至到了 1971 年，才正式把納妾定為非法。在那個時間之前，男人只要有能力，娶多少個老婆，納多少個妾侍，旁人甚至官府都無權過問，當然能否駕馭是另一個問題。**一夫一妻制在中國，歷史比共產黨執政還要少一年，**從宏觀角度看，一夫一妻制才是新事物。

男人想享齊人之福，是天性，法律能約束人的行為，卻不能改變天性。雖是天性，但我之前用上「妄想」這個詞語，來

形容想享齊人之福的男性，是因為這個想法，在今天能實現的機會是微乎其微，因為**我們不能只管男性的天性，而忽略了女性的天性，她們的天性，就是不願和其他人分享同一個伴侶。**

閣下也許會問，那為什麼有些男人，尤其是富豪，能夠同時和幾位女性維持關係，那天性之說是否被推翻了？

面對這條問題，我的答案是天性也有例外。好比異性相吸是天性，但也有同性戀的例外，我們不會因為有同性戀，便否定了異性相吸的天性。再者，在看這本書的讀者，我相信也不是富豪級人馬，所以我還是會把享齊人之福，定義為一項妄想。

既然無法享齊人之福，作為男性，在出現第三者時應怎樣處理呢？

杜 絕 兩 種 妄 想

首先，除了享齊人之福，男人還要杜絕另一種妄想，就是**杜絕能不傷害任何一方，要做好人的妄想。**

感情上很難定對錯，閣下遇見一個更適合的人，然後去追求幸福並無不妥，但男人往往因為太重面子，怕留下一個見異思遷的壞名聲，以致拖泥帶水，優柔寡斷，三個人互相折磨，把關係弄得一團糟。讓我告訴男人一個現實，**若閣下出現第三者，你已經不可能符合世俗人眼中，對「好男人」三個字的標**

準，不必花無謂的功夫保持形象。同時，我認為一個有水平的男人，其實不需要太在意，那些對你人生沒太大影響的人怎樣看，何況若然你以世俗的「好男人」標準做人，你連結識一個女朋友也不容易，遑論出現第三者。在拍拖階段，我不認為變心是什麼彌天大罪，因此，閣下真正需要的，是妥善處理三個人之間的關係。

《情憑誰來定錯對》譚詠麟

不要再說「why not both?」之類的廢話。

　　在二選一的前提下，你先要確定自己喜歡的是哪一個，然後，假如你喜歡的是新歡，請徹底地向現任說個清楚明白，正式結束了和現任的關係後，才跟新歡開始。而假如你還是留戀

現任，也請狠狠地和新歡斷絕來往，大原則是**不要同時發展兩段感情**。不管你選哪一個，都總有一個受傷害，這是必然的結果，但容許我涼薄地說，如閣下有第三者，一個人受傷害已經是最好的結果，若你不自量力地去玩，請有心理準備你正在玩火，而玩火的結果，往往是同歸於盡。

《三角誌》盧巧音

對 方 有 第 三 者

面對女性出現第三者，我的立場跟上述是一致的，在拍拖階段，變心不是彌天大罪，她有她的選擇權。然而，在女性相對忠於伴侶的前提下，她們很少因為貪新鮮出現第三者，**女性出現第三者，意味著你和她這段感情，有一些根本性的矛盾或問題，一直得不到解決**，例如一對情侶，拍拖很久，女方開始有結婚的念頭，但是男方卻恐懼婚姻，雙方取向南轅北轍，在這種嚴重的期望落差下，女性對關係萌生抽離感，倘若出現一位條件適合，又願意結婚的男性，向她展開追求，他便可能會成為二人之間的第三者。

女性沒有齊人之福這個觀念，因此她必定會在你們二人中選擇一個，你有一半機會失去這個女朋友，在這種情況下，你要問自己兩個問題：第一是想不想挽救？第二是能不能挽救？

想 不 想 挽 救 ？

男生不想挽救一段感情的原因很多，例如男生無法接受女生不忠、雙方關係已經很差或很淡、又或者男方比較嚮往單身的自由自在等，**假如他選擇不挽救，讓女生繼續追尋幸福，某程度上也是圓滿的結局**。

若男生希望挽救這段感情，就必須對自己誠實，**到底自己是出於不甘心失去，還是真的深愛著對方**？不少男生，在感情出現危機時（不管有沒有第三者），會突然性情大變，行為如逆周期般回到熱戀期時的自己，女生被他的真誠打動，對關係重燃希望，繼續留在他身邊。

當危機暫且解決後，雙方又回到過去的關係中，問題始終要面對，漸漸又演變成下一次危機。說到底，還是男生佔有慾作怪，**他所做的並非為了挽救關係，而是由於他不甘心失去原本屬於自己的東西**，才千方百計要把她留在身邊，但這種做法只是為自己，和對方增添痛苦。

《好心分手》盧巧音

　　如果你是真的深愛著對方，那就必須認真審視二人之間的問題，有沒有徹底的解決方法，那就牽涉到下一個問題：能不能挽救？

能 不 能 挽 救 ？

　　再引用結婚的例子，如閣下真的希望挽救感情，你便要認真的思考，究竟結婚是否閣下永不能妥協的底線？什麼原因令你恐懼婚姻？是承諾？是責任？是自由？是金錢？然後再想想那個原因的背後，有沒有一些妥協的可能，例如婚姻令你害怕失去自由，那麼到底會失去什麼自由？是和其他女生發展感情的自由嗎？對，這是你的確會失去的自由，必須妥協；但如果你害怕的，是失去跟豬朋狗友的玩樂自由，那倒未必絕對，拍拖時也不致於斷六親，婚後更加不會。因此，除非你不搞婚外情就會死，否則在這例子中，自由這個因素是可以妥協的，也就是能挽救的。

相反，假如你恐懼婚姻，原因就是害怕承諾，但婚姻就是對另一半一生的承諾，你從根本上無法接受婚姻，那就等如不能挽救，早點了斷，讓她找到適合的人，也許是最好的選擇。

以上只是無數的例子之一，人的感情太複雜，不可能一一列舉。總括而言，**能不能挽救，取決於你願不願意改變自己**，我們不可能要求別人改變，只能改變自己，豈止感情，凡事皆然。

你 成 為 第 三 者

這個題目，照理不應該在相處篇來探討，或許放在追求篇更為適合，但為著方便閱讀和寫作，我還是把它放在這裡。

社會對第三者的評價，普遍都是負面的，但負面之中，也有高低之分。女性做別人的第三者，就是不要臉、賤、發姣、狐狸精等等，總之都是很具侮辱性的形容詞。男人做第三者，如果那是你好兄弟的女朋友，你會淪為「勾義嫂」的奸夫，除此之外也沒什麼大不了。也有人說，一個會因為第三者，而放棄現在的感情，和你在一起的女人，將來她亦會因為另一個第三者而放棄你，所以無論如何都不應該做第三者。這種因果報應論信則有，不信則無，因此不作討論。

曾經有段日子，我以 Freelance 形式做婚禮司儀。有一次，我在替客人主持婚禮時，感覺新郎跟兄弟團好像不太相熟，跟

兄弟團閒聊時得知，原來所有兄弟姊妹團都是新娘的朋友，新娘原本是新郎好朋友的女朋友，由於新郎介入做第三者，新娘最後選擇了他，新郎亦因此和一班多年好友反目成仇。由此可見，「勾義嫂」的罪名雖不易承擔，但因果報應亦未必出現。

假如你很喜歡一位女性，而她已經有男朋友，那你應否追求她呢？

《男朋友》古天樂

總體而言，我認為喜歡就可以追，但由於第三者不易當，所以我還會考慮多兩個問題。

道 義 問 題

道義上，如果那位女生的男朋友，就是我的好朋友，我會偏向放棄追求。因為我是十分看重友情，情侶分手時有所聞，但朋友之間，尤其男性，若非合作做生意、借錢等等，關係是

可以維持一世的，所以不值得為女生犧牲好朋友，但只限於稱兄道弟的那種好朋友，在此之外的，我認為沒有道義責任。

策 略 問 題

追一個有男朋友的女生，是不容易的，即使道義上過得了自己，還要評估一下，自己的成功機會有多大。

平常追一個單身女子，你的成功率就是她有多喜歡你，但追一個有男朋友的女子，除此之外還多了一個因素，就是她現在的關係。

若她和男朋友如膠似漆，我想你也不必白費心機，**不是什麼不想破壞別人之類的老套話，而是你根本沒有挑戰的資格**，若勉強去追，受傷的還是自己。

若她和男朋友的關係平平，甚至是差，你追求她的成功機會，相對於上一種情況是較高的。

做第三者就是要乘虛而入，這就是策略。

Chapter 15 :

分手大學問

「愛情在 60 年代是一個很長、很大的病，愛一個人可能 20 年、30 年的事；現在則已經無可能有那麼長的病——現在只可能是一個小感冒……」王家衛說於《阿飛正傳》後。

王大導這番說話，我會把它解讀為：對我們的上一代來說，戀愛是一件沉重的事，因為戀愛的目的就是結婚，大家都是以終身伴侶的標準來挑選男／女朋友，所以不少夫妻，互相都是對方人生中唯一的男／女朋友，拍拖後結婚生子，一直陪伴對方終老。到了我 80 後這一代，不分男女，中學時代便開始拍拖，一個中學生，連經濟能力也沒有，哪有想到結婚那麼遠？拍拖就是為了品嚐戀愛的甜蜜，像我這種年紀的人，拍拖四、五次後才選定結婚對象十分普遍。可以想像 90 後、00 後的世界，他們的愛情一定比我們來得更簡單，更隨性。

我比較不同年代的愛情觀，並不是要做道德審判，因為社會風氣會不斷改變，人的行為也會隨之改變，當中並沒有對與錯。但當愛情由大病變成小感冒時，便出現了一個過去不必探討，而今天則無法逃避的課題——分手。

《現代愛情故事》張智霖　許秋怡

醞 釀 分 手

相愛是容易的，一個眼神，一個笑容，已經足以燃點愛情火花；但相處是困難的，因為相處講求包容、體諒、付出、同理心等等，這些不是一時衝動的行為，而是持之以恆的耐心。好比戒煙和節食，一時三刻不難辦到，難在長時間保持自律。因此，即使愛情如何打得火熱，**真正影響一段關係的，是雙方能否相處得來。**

天下無不散之延席，任何關係都有機會完結，所以情侶之間也不一定能走到盡頭。分手的原因有很多，厭倦對象、另結新歡、性格不合等等也很常見，而一段關係在崩潰前，一般有以下幾個階段。

一、不滿

所謂的不滿，就是對方的思想或行為，跟我期望不一致。世上沒有兩個一樣的人，人與人之間分歧是平常事，情侶間互有不滿亦司空見慣，在大家還希望維持關係的大前提下，這些不滿都可以被包容，或接受的。但當有一天，你發現有些不滿你很在意，很不能接受，原因可能有兩個，第一是這些不滿是很原則性的，你不可能接受，第二是你們的關係出現了根本性的變化，你失去了對對方的包容，對他跟你不一致的事，你很在意，通俗點說就是「睇佢唔順眼」，那麼分手的導火線便出現了。

二、爭執

爭執不一定是大吵大嚷，也可以是冷戰、單打、諷刺等等，就是把不滿情緒，很表面的暴露出來。而且爭執的次數越來越多、程度越來越厲害，而觸發這些的原因，可以跟不滿有關，也可以是借題發揮，總之關係就是「吵架多過食飯」。但請注意，爭執也是溝通的一種，目的是希望對方明白自己，證明你還在意這段關係，這是最後的挽救機會。

三、逃避

去到這個階段，雙方已經死心，關係帶給大家的只有痛苦，大家都不想再為關係付出，寧願不看、不聽、不想，免得自己再受傷害。分手，只是時間問題。

四、分手

正式的把關係完結，前文提及，追女生不必表白，關係越朦朧，對男生越有利。但**在分手的時刻，我就主張要交代清楚**，不應抱著不了了之的心態。若你想分手，便直白的告訴對方，反之，若你感覺對方想不了了之地完結關係，你最好找對方問個清楚，又或者出你自己主動提出，被人「拖」著的感覺，是很難受的。

分 手 的 意 義

　　不管由哪方提出，分手也是痛苦的，除非你從未為對方付出過，但痛歸痛，若果沒有在痛苦中學習成長，痛了也是白痛。

　　沒有任何人，生下來就懂得戀愛，所以戀愛是需要學習的，而學習的過程中，少不免會犯錯，會走冤枉路。不必介懷，凡走過必留下痕跡，即使走了冤枉路，但正正因為走過冤枉路，才知道哪條路適合自己。**分手，就是當你知道自己走了冤枉路後，決定離開錯誤的軌道，讓自己重新選擇**。某種意義上，分手非但不傷心，更值得高興，因為不適合自己的東西離開了，才有機會遇上適合的。若你認為這是風涼話，請試想一下，分手再痛也會完，若兩個人相處不來，但又不分手，無止境的互相折磨，和分手相比，請問哪一種更痛？

　　當然，感情是不講道理的，我的話對與不對，和對你有沒有幫助是毫無關係的，我尊重閣下傷心的權利，只是我希望大家在傷心時，能保持最起碼的克制。常言道，愛的反面就是恨，**即使多傷痛都好，分手都不是世界末日**，你的痛苦可以用不同方法盡情地發洩出來，例如大哭一場、大吃一頓或大灑金錢，但千萬不要做出一些傷害自己，甚至傷害別人的事，世上存在太多不懂處理感情的人，才導致那麼多悲劇發生。

「女友提分手即變仇人 情侶車內互毆同被捕」－東網

失戀的「絕對痛苦值」

分手過後，就會進入失戀這個階段。失戀是痛苦的，而若要數人生痛苦的事，戰亂、親人離世、長期病患、破產、失業、捱窮、捱餓、流離失所，這些統統都十分痛苦，那麼失戀又有多痛苦呢？

相比以上的痛苦，失戀可說是微不足道，可以說失戀的「相對痛苦值」很低，但評估一件事情不能只看相對值，還要考慮絕對值。例如一套山頂獨立洋房，實用面積 5,000 平方呎，售價 5,000 萬元，相對價格很便宜，也就是十分「抵買」。問題是，5,000 萬元這個絕對價格我是負擔不來，即使再「抵買」我也買不起。同樣地，即使失戀的「相對痛苦值」低，但它的「絕對痛苦值」，也可以令人很痛苦。

請不要再用「失戀算什麼？有很多人比你更慘」為理由，來安慰失戀的朋友，除非他已經向你訴苦了 50 遍。

從前朝夕相處的那個人，你早已習慣了他的存在，他離開了之後，你的生活、時間、心思有一大部份都隨他去了，這空白了的一大片，你不習慣，也不知用什麼來填補。簡單點來說，**失戀給你帶來了空虛感，而空虛感帶來的，便是一個胡思亂想的腦袋**，而所想的一定不是美好的事物，空虛雖然被填補了，但填補的是一大堆負能量，所以越想便越痛苦。

年 初 四 狀 態

失戀是一個階段，也是一種狀態，借用周星馳電影《行運一條龍》中，經典的「年初四樣」比喻，失戀中的人，就是處於「年初四狀態」。這種狀態令人對任何事都失去感覺，做任何事都提不起勁，而最可怕的，是這種狀態會剝奪你快樂的權利。

失戀的另一個「絕對痛苦值」，就是「年初四狀態」。

《行運一條龍》年初四樣

一個失戀中的人，他經歷的每一天都是年初四，心情總是鬱鬱寡歡的，聽笑話不會笑，看笑片也不會笑，放學後下班後什麼地方都不想去，只想盡快回到家裡，把自己關在房間，不想面對任何人。不要以為強迫自己走出去，心情就會變好，就算去參加派對，當其他人都在狂歡時，年初四狀態令他無法投入，雖然處於同一空間，但仿佛活在另一個時空中，對比下覺得自己更加可憐。

以下是一個有關「年初四狀態」，我的親身經歷。

很多年前，我跟當時的女朋友分手了，分手當晚我回家後，如常的吃飯洗澡睡覺。不知為何，睡房內的鬧鐘，平日我不會聽到它的聲響，但當晚我竟然清晰地聽見每一下的「滴答」聲，那小小的聲音很吵耳，吵得我整個晚上都睡不著，不知不覺又回想起剛才分手的情景，和以往發生過的事，又不禁悲從中來……

第二晚睡覺時，鬧鐘依然存在，但「滴答」聲消失了，才讓我能夠如常入睡。事後回想，分手的第一晚，也許「年初四狀態」太強烈，令我的精神非常脆弱，同時又非常敏感，一些平日不在意的聲音，那天竟如雷貫耳。由此可見，失戀的「年初四狀態」，真的很折磨人。

接 受 ＋ 原 諒 ＝ 放 下

很多人說時間是治療失戀的靈丹妙藥，我十分認同，因為不管是胡思亂想、「年初四狀態」、甚至自暴自棄也好，持續了一段時間後，去到某一點，你便會厭倦、嫌棄那個不知所謂的自己，那時你便開始走出失戀陰霾，而造成這種思想改變的，主要是兩個因素，**接受和原諒**。

接 受

失戀之所以痛苦，是因為你接受不了跟他／她不再是戀人的事實。一個不願意接受現實的人，就好比一個賭徒，妄想自己能比賭場更精明，能夠在賭場長賭而贏錢，結果越賭越輸，傾家蕩產，妻離子散。直至有一天他接受現實，明白長賭只對賭場有利的道理，他才會決心戒賭。同樣地，你一天接受不了分手的現實，你只會繼續被失戀的痛苦折磨。

原 諒

　　假如分手的原因，是對方劈腿丟下了你，你內心一直恨他，直到有天你原諒了他，仇恨消除了，你便走出失戀陰霾，這是其中一種原諒，但不是唯一，**還有一種原諒，是原諒自己。**

　　兩個人相處不來，不會是單方面造成，所謂「一隻手掌拍不響」，問題的出現一定是雙方面，只是我們慣性放大別人的缺點，而忽略自己的不足。當你能夠坦誠面對、並原諒自己過去的不足，讓自己成為一個更好的自己，你就能走出失戀，擁抱將來。

《那誰》蘇永康

　　接受和原諒，加起來就是放下，而放下是閣下做主動的，任何人用任何方式安慰、鼓勵、咒罵你都好，能否在失戀中康復，要多長時間去康復，歸根究底，還是看你自己願不願意。有些人，尤其男性，會沉醉於失戀的淒美，以致一直放不下，但他放不下的並不是感情，而是自我感覺良好的情聖形象。

Chapter 16:

淺說婚姻

根據香港統計處 2016 年的調查結果，香港男性初婚年齡為 31.4 歲，女性則為 29.4 歲，若到了適婚年紀，男女拍拖了一段時間，就會開始考慮結婚，但今時今日，不婚的情侶也很普遍。

《合久必婚》李克勤

愛情的墳墓？

　　有人說，婚姻是愛情的墳墓，仿佛把婚姻放在愛情的對立面，二者無法並存，為什麼會有這種想法呢？

　　男性結婚後，女朋友變成了他的老婆，關係則由情人變親人。而對男性而言，情人和親人的分別，前者是要照顧的人，後者是照顧自己的人，即是**由施予者，變為受取者**。而男性對待情人和親人，是兩個完全不同標準，一個男人可以因為一件小事，跟母親吵個翻天，但在女朋友面前，即使她橫蠻無理，也不敢吭聲。所以，當情人變親人時，感情亦由愛情變為親情，因此也可說是婚姻終止了愛情。

另一方面，**男人結婚，仿佛就是向世界說明「她是我的唯一」**，此後，即使你有機會結識其他女子，她們看見你無名指上的戒指，除非她是狐狸精轉世，否則對你不會存有絲毫幻想。跟單身，甚至拍拖時的心態不同，畢竟大家還有選擇權，她不會完全否定與你發展的可能性，即使你已經有女朋友，大不了就把你搶過來。但**結婚後，你基本上就是絕緣體**，正常女性不會和你「過電」。相反地，如果有人明知你有老婆，還向你「放電」，你便要加倍小心。

《唯一》王力宏

我同意在婚姻階段，跟伴侶的那種感情，和拍拖階段有所不同，但這種轉變不一定是壞事，**愛情縱然美好，也不是唯一**。男人既然願意「從此被困」，他對這位女生也不是泛泛的愛，給她一個名份，給她一個承諾，讓大家的關係更穩定，這不是更大的愛嗎？我並非在鼓勵大家結婚，只是試著分析婚姻對感情、對關係的正面作用。

試想想，拍拖關係其實脆弱得很，這一刻是情侶，下一刻就可以是單身，過程可以是一句說話、一封信、一通電話甚至一則信息那麼簡單，你需要交代的人只有對方，連自己家人也不必交代，下一次帶女朋友回家吃飯，換了個新面孔，他們就知道了。相比之下，結束一段婚姻的過程則繁複得多，最少也要花錢在律師身上，也要向父母交代一番。

　　婚姻就是增加對伴侶的責任感，令雙方在做任何決定前，能夠三思對關係的影響。或許你會說，這不就是被一紙婚書束縛嗎？對，我承認婚姻中有形式主義，但人性本來就是要被束縛，試想想沒有法律束縛，姦淫擄掠都沒有代價時，社會會變成怎樣？

我 們 適 合 嗎 ？

情侶不一定要結婚，有人生了孩子都不結婚，也有人相識不久便「閃婚」。如閣下並非婚姻恐懼症患者，你便有機會面對結婚這個問題，在考慮自己跟伴侶是否適合結婚時，可以嘗試由以下因素思考：

1. 信任

人際間要有信任，婚姻雙方更要有高度信任，信任是來自自由和自律，一方給予另一方自由，不必每事問、每事交代；同時另一方亦必須自律，珍惜對方給予的自由。若你不能對對方有充分的信任，請不要輕言結婚。

2. 價值觀

共同生活的兩個人，很多事情都要共同面對，如果有一些很嚴重分歧的價值觀，生活上便容易有爭執，婚後隨時每天「家嘈屋閉」。所以，在拍拖階段，大家互相了解價值觀是必須的。在台灣，一些交友或徵婚廣告，會列明自己是哪一政治陣營的支持者，便是一例。

3. 經濟基礎

那是現實問題，跟拍拖不同，結婚是二人組織家庭，那就需具備一定的經濟基礎，雖然生活豐儉由人，但基本開支是難

免的，尤其在香港，面對高租金高樓價，很多情侶都是由於經濟原因，在結婚這件事前卻步。

4. 雙方家人

拍拖是兩個人的事，婚姻是兩家人的事，你加入了她的家庭，她也加入了你的家庭，所以你們**互相能不能和對方家人相處**，是結婚的重要考慮。殘酷的是，萬一生活上有磨擦，你的家人是不會因為你的女朋友而改變，只有你的女朋友作出改變去遷就他們（你也一樣），所以很多人在婚後不與父母同住，就是為了減少磨擦。

5. 慷慨與包容

夫妻間沒有，亦不需要平等，只有慷慨與包容，如事事計較著誰佔便宜、誰吃虧，這樣的關係難以長久。如果伴侶和你斤斤計較，或者你本身就是一個斤斤計較的人，你也許不適合結婚。

6. 坦誠溝通

夫妻間雖然有私人空間，但在多數的情況下，應該能做到暢所欲言，不需每件事都同意對方，但要做到理解和體諒。相反如二人各懷異心，同床異夢，面對人生種種挑選時就不好處理了。所以，你跟伴侶能否坦誠溝通，是結婚的重要考慮。

妙論婚姻

曾經聽過一個笑話，妙論婚姻之道，跟大家分享一下。

男人和女人，若以動物作比喻，男人是獅子，吃肉的；女人是牛，吃素的，兩種本來就是完全不同的生物，天意弄人要一起生活，雙方唯有假裝成對方的同類，去換取和諧的生活。

是以，獅子刻意在牛面前吃一點點素，牛又刻意在獅子面前吃一點點肉，互相假裝著，本也相安無事。直至一天，牛忽然發現獅子在吃肉，才知道獅子扮吃素，一直在隱瞞自己。

牛怒不可遏，質問獅子：「如果我沒有發現，你是否打算欺騙我一生？」

面對盛怒的牛，獅子出奇地冷靜，氣定神閒地回答：「我也只有這一生，而我用自己的一生來欺騙了你，你還有什麼不滿意呢，夫人？」

婚姻就是放下自我，迎合對方的藝術。

此書主講愛情，婚姻部份就此表過，日後有機會再詳細探討。

總結：

我眼中的愛情

假如人生是一個旅程，出生、成長、求學、工作、拍拖、失戀、結婚、生育、患病以至死亡等等，這些都是人生旅程的「景點」，走訪「景點」的多寡因人而異，走得多一點的，人生的經歷就豐富一點，得著也越多。

　　目前世界人口達 70 億，只計算香港也超過 700 萬，我們每一個人，相對於整體來說，都是一顆微塵，除了跟我們有血緣關係的少數人之外，其他人對我們的生與死、悲與喜，都沒有多大興趣去了解，直至你遇上愛你的那個她。

　　生在香港這麼一個大都會，學生每天忙於上學、做功課、補習、考試，成年人每天忙著上班、加班、賺錢、花錢，這一切總括來說就是四個字 —— 營營役役。在這種生活中，我們做的一切，都是計算過付出與回報後的結果，而忽略了個人感受。久而久之我們會迷失，因為我們失去了原來的自己，直至遇上那個你愛的她。

　　愛情，就是讓你得著了一位跟你沒有血緣關係，但又有興趣去了解、去關心你，同時，能讓你不用計較得失，以單純的心去相處，在這個營營役役的世俗中，做回自己的人。

　　這就是我眼中的愛情。

後記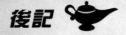

給 兒 子 的 話

完成了自己的第三部作品，而這部作品，對我來說別具另一重意義，因為寫作此書的原意，是要把它送給我 20 年後的兩位兒子，願你們在未來的人生裡，能夠獲得一段真摯的愛情，永遠幸福。

你們分別在 2016 及 2017 年來到世上，這裡五光十色，包羅萬有，爸爸每天都在想，你們長大以後，有什麼東西可以給你們，讓你們受用一生？

物業？在你們那個時代，市區住宅平均呎價可能已經突破二萬元，我想你們大概不會有「父幹」買樓置業，要靠你們自己了。

學問？爸爸雖然有大學學歷，但面對今時今日的小學入學試題，才深深體會到什麼是書到用時方恨少，這方面還是交給補習天王好了。

智慧？對了，我能給你們的就只有這個，而且是對你們人生有著深遠影響的智慧——戀愛的智慧。

在你們 20 歲的今天，也許已經接觸過不少女性，甚至已經談過戀愛，你們會常常為猜不透女生的思想而抓狂嗎？對，男女本來就是來自不同星球，抓狂也無濟於事，最重要的是理解她們，然後接受這種分別。

爸爸不是情場浪子（否則不會有你們），但亦總算交過幾個女朋友（你媽媽是最後一個），更重要的是，我在鑽研銷售學問時，順道也涉獵一下兩性心理、戀愛技巧等，把理論跟生活經驗結合後，才發現原來女性是這麼有趣。

孩子們，假如你有里安納度・狄卡比奧（他是我的時代一位著名影星）一般的魅力，你未必會對此書產生興趣。但觀乎爸爸的基因，這個機會是很微的，你們很有可能是一位沒有很出眾樣貌、沒有很出眾身材、沒有很出眾家底的凡夫俗子。那麼，你們在獲得愛情的路上，就必須經過一番努力，而這番努力不止於令你們取得一位少女的芳心，更重要的是令她，和你們自己得到幸福。

爸爸把這些年來對女性的了解、經驗和理論寫成此書，願你們在戀愛路上少走些冤枉路。同時希望你們在閱讀此書時，除了吸收爸爸的智慧外，還能感受到那濃濃的愛。

　　在我的時代，有一對父子，父親叫蕭若元，兒子叫蕭定一，他們在 2011 年合作拍攝了號稱世上第一部 3D 色情電影，名叫《3D 肉蒲團之極樂寶鑑》，父子之間原來可以那麼引人入「性」。

　　兩位孩子，爸爸一生中最大的興趣就是寫作，若你們長大後也有興趣寫作，讓我來作指導，寫你們感興趣的主題，一起合著一本書，一起實現夢想，那該多好。

POP 027

書名：告別單身銷售術

作者：東尼

編輯：Angie

設計：4res

插畫：燒

出版：紅出版（青森文化）

地址：香港灣仔道 133 號卓凌中心 11 樓

出版計劃查詢電話：(852) 2540 7517

電郵：editor@red-publish.com

網址：http://www.red-publish.com

香港總經銷：香港聯合書刊物流有限公司

台灣總經銷：貿騰發賣股份有限公司

地址：新北市中和區中正路 880 號 14 樓

電話：(866) 2-8227-5988

網址：http://www.namode.com

出版日期：2018 年 6 月

圖書分類：流行讀物

ISBN：978-988-8490-75-2

定價：港幣 88 元正／新台幣 350 圓正